U0041328

CONTENT

009　前言——無所畏懼的天才

017　第 1 章｜原點——來自南非的美國夢

不再怕黑的孩子
短暫的史丹佛生涯
幸運的致富之路
雷夫欽的故事——逃離車諾比核災的家族
被 PayPal 開除的伊隆‧馬斯克
PayPal 的關鍵戰役
NASA 不做，我來做
活用物理學，縱橫商業界——回歸原理
全心投入電動車
投資家的手腕
兩種「故障」截然不同

043　第 2 章｜難關——人生最黑暗的時期

陌生的國度——南非
發射「獵鷹 1 號」
突如而來的失敗
遙不可及的宇宙
「獵鷹 1 號」的隕落
眾所矚目的特斯拉汽車
Roadstar 的交期一再延宕
以樂觀的天性，挑戰未知的宇宙
伊隆‧馬斯克的度量和遠見
誰來當特斯拉汽車的 CEO？
特斯拉汽車會倒閉嗎？
有二就有三——「獵鷹 1 號」再次發射失敗

婚姻危機
事業或家庭的抉擇
銀行帳戶見底
永不放棄！

071　第 3 章｜前進——發明未來

Roadstar 的衝擊
比保時捷更快
Roadstar 的超高速關鍵——電池
電動車的效能是汽油車的兩倍
破天荒的蓄電池搭載量
有如雲霄飛車的乘坐感
行駛間的極致靜謐——聽見林間的鳥鳴聲
衝越黑暗的 2008 年
沒電的高級電動車
把未來放進手心

091　第 4 章｜信念——通往宇宙之道

走出網路的世界
直上雲霄的「獵鷹 9 號」
宇宙開發史的新頁——太空船「飛龍號」
美蘇冷戰與火箭競爭
從甘迺迪到布希
兼具技術力與交涉力的伊隆‧馬斯克
NASA 的超大財庫
毫無成本控管意識的產業
大型宇宙開發企業的官僚作風
挑戰全地球、全世界和全人類的未來

CONTENT

111　第 5 章｜獨創──以電腦專用蓄電池開車

Model S 的誕生
降低空氣阻力
無噪音的電動車
賈伯斯也會滿意的高規格
特斯拉與豐田的策略聯盟
善用資金
未來的美國工廠
力拼股票上市

133　第 6 章｜異端──火箭開發革命

史上第一架與國際太空站接軌的太空船
SpaceX 低成本的祕密──大量發射火箭
SpaceX 低成本的祕密──不申請專利
SpaceX 低成本的祕密──設計簡單
SpaceX 低成本的祕密──組織單純
走廊上的快閃行動──SpaceX 的超高速決策力
縮小理想與現實的差距
降低成本不具革命性嗎？
死腦筋的供應商
亞馬遜創辦人理想中的太空
可回收型的火箭
朝向更高的目標

163　第 7 章｜野心──將人類送上火星

「重型獵鷹號」上火星
中國的弊病與困境

NASA 的加持

伊隆‧馬斯克與亨利‧福特的共通點

一般人也能搭乘的太空火箭

對抗強敵

在宇宙也能購物——跨行星支付系統

伊隆‧馬斯克的「金錢使用說明書」

提供高速充電的「超級充電站」

成功的法則——方便與實用

充電時間越短越好

GM 的盛衰

21 世紀的加油站

對太陽的信仰

住家屋頂就是發電廠

193   第 8 章 │ 願景——拯救地球

特斯拉終於轉虧為盈

提早還清國家貸款

暢銷的性能，暢銷的設計

《紐約時報》的惡意報導

事實不是這樣！

抗拒改變的人們

特斯拉的關鍵時刻

頁岩革命——是能源革命，還是走回頭路？

改寫歷史，拯救地球

213   結語——全人類的革命時代

The

Ambition

of

Elon Musk

The
Ambition
of
Elon Musk

前言——無所畏懼的天才

亨利・福特（Henry Ford）打造了汽車王國、約翰・洛克菲勒（John Davison Rockefeller）建立了石油的世紀、史蒂夫・賈伯斯（Steve Jobs）以麥金塔創造了未來……數不清的偉人和天才企業家們一一嶄露頭角。

但還有一個人，他的獨特見解遠遠超過任何人，行動力更是令人驚嘆，甚至比美國總統更受到世人的矚目——他，就是伊隆・馬斯克（Elon Musk）。

這位獨特的企業家挑起了三大尖端產業的革命——太空火箭、電動車與太陽能發電。不僅又高又帥，舉止言談更是靦腆溫柔，從外表很難想像他背後的事業如此龐大。但伊隆・馬斯克的獨特之處不只是外表，其所懷抱的使命感更讓人望塵莫及，

因為他創辦企業並不是為了錢，而是為了全人類。

伊隆‧馬斯克於1971年出生於南非共和國。12歲時，他獨立開發了一套遊戲軟體並以500美元出售。17歲離開祖國南非，遠赴加拿大求學，最後移民美國，開始探索未來。他始終認為，在美國沒有什麼事是不可能的。

伊隆‧馬斯克在美國賓州大學攻讀物理學和商學。大學畢業後，進入史丹佛大學研究所，但第二天就休學了。他先是創辦了軟體開發公司Zip2，日後被PC界巨頭康柏電腦（Compaq）以3億美元收購。有了這筆資金之後，伊隆‧馬斯克又以2,200萬美元的資本分別成立網路付費服務公司X.com，以及另一家線上付費機制公司PayPal。2002年，全球最大拍賣網站eBay以15億美元的天價收購了PayPal，在全美造成相當大的話題。

賣掉了PayPal之後，伊隆‧馬斯克個人得到大約1.7億美元，接著他又想做什麼？不只是矽谷的菁英們想知道他的下一個計畫，全美都在關注他的下一步。然而，接下來他做的事卻與電腦網路無關，他想挑戰的竟然是宇宙太空。

伊隆‧馬斯克在31歲那年成立開發火箭的SpaceX（太空探索公司），開始挑戰只有NASA（美國國家航空暨太空總署）才做的火箭事業。但宇宙開發的專家們並不看好，甚至表示「新手企業是不可能辦得到的」。

SpaceX僅花了六年時間就獨立開發出太空火箭「獵鷹1號」（Falcon 1），並成功地發射。兩年後，SpaceX又將太空船「飛龍號」（Dragon）送到國際太空站（The International Space Station，簡稱ISS）對接，並安全地讓太空船返回地球。

SpaceX創下的壯舉讓所有人為之驚嘆與瘋狂，更厲害的是，他們並非模仿NASA的技術，而是大膽採用已經大眾化、商品化的家電及電腦開發的創意，僅以一般火箭十分之一的低成本完成開發。光是這些就已讓人嘆為觀止，但伊隆・馬斯克的眼光聚焦在更遠的地方。

「我要讓人類移民到火星。」──這才是他的終極目標。

「火星？」聽起來像科幻片似的，通常愈是說大話的傢伙，愈是搞不清楚狀況吧？但伊隆・馬斯克不一樣。正因為清楚所有細節，知道製作火箭該用什麼材料、該如何焊接，他才敢誇下海口，挑戰火箭的開發事業。

儘管如此，在火星生活聽起來多麼匪夷所思啊。他為什麼想把人類送到火星呢？地球的人口已經超過70億，也許在本世紀中葉就會衝破100億人口。不斷排放二氧化碳，導致地球持續暖化；天氣異常引發糧食和水愈趨不足，我們的地球真的住得下那麼多人嗎？

伊隆・馬斯克認為，總有一天，人類將不得不移民到地球以外

的星球。放眼望去,適合生存的星球就屬火星了,於是將人類
移民到火星的念頭便油然而生。因此,他才立志開發能發射到
火星的火箭,並毫不猶豫地挑戰這項遙不可及的任務。

火星火箭的開發事實上很耗時,並非一年半載就能完成。而若
要延長地球的生命,並減少二氧化碳的排放,就不該使用會排
放廢氣的汽油車。伊隆・馬斯克因而決定投入電動車,並誓言
要讓電動車普及化。

在經營太空火箭開發企業SpaceX的同時,伊隆・馬斯克也在
2004年投資電動車開發公司「特斯拉汽車」(Tesla Motors,
Inc.),並擔任執行董事。他隨即推出一款設計新穎、售價高
達10萬美元的高檔電動跑車Roadstar,讓李奧納多・狄卡皮歐
(Leonardo DiCaprio)等好萊塢名人爭相搶購,話題也因此炒
得沸沸揚揚。Roadstar跑得比保時捷更快,充足一次電可駕駛
大約700公里,所有愛車人都為之瘋狂。此外,更特別的是,這
款車子放置了約7,000個筆記型電腦用的鋰離子電池,充電後跑
得更是飛快。

伊隆・馬斯克的電動車戰略,和通用(General Motors,簡稱
GM)等汽車大廠大不相同。其它汽車大廠的車款大多是短短
肥肥的設計,而Roadstar卻怎麼看都帥氣十足,每個人都會嚮
往一台這樣的車。眾望所歸的電動車甫推出就成為媒體的新寵
兒。此後,特斯拉汽車將觸角延伸至向金字塔的底端,開發出
約50,000美元的一般房車和20,000美元的國民車,讓電動車更

普及化。特斯拉汽車在創辦後第七年（2010年），就讓股票成功上市。此次股票上市距福特汽車上市以來，竟已相隔五十四年之久。

伊隆・馬斯克的過人之處，在於他的成功模式並非「點」的計畫，而是「線」的思考。無論開發的電動車性能有多麼好，需要充電時若無法即時充電，那麼成功也不過是一個「點」罷了。若要達成一條「線」的成功，關鍵在於充電站的擴增。

於是伊隆・馬斯克開始在全美各地增設能快速充電的「超級充電站」（Super Charger Station），如此一來，要從西岸的洛杉磯一路開到東岸的紐約，電力的補給也不是問題了。

更令人驚嘆的是，充電站的電力並非由電力公司提供，而是在各個充電站架設太陽能面板，建立由各充電站自給自足的充電架構。太陽能面板的安裝事業是由美國太陽城公司（Solar City）執行，伊隆・馬斯克擔任該公司的董事長，負責提供資金和事業構想，由他的表弟接管公司。太陽城的股票於2012年正式上市，是全美關注的綠色能源企業。

電動車、太陽能發電、太空火箭——任何一個事業，都是國家級的巨型事業，也都十分棘手。伊隆・馬斯克卻獨力挑戰這一切。

回顧大學時代的伊隆・馬斯克，他經常思考的問題是——「影

響人類未來最大的問題究竟是什麼？」他得到的三個結論是：「網路、永續能源和宇宙開發」。這些話往往被當作大學生不切實際的夢想，但伊隆‧馬斯克不一樣，他正在將這三個夢想付諸實現。

他在矽谷成功獲得的資金，不惜投入太空火箭、電動車和太陽能發電這三個事業，創業的過程中也不斷遭遇困難、阻礙，甚至幾度陷入想要放棄的困境。

舉例來說，特斯拉在開發Roadstar電動車時曾一度失敗，公司的資金甚至見底，媒體毫不留情地評判特斯拉汽車已面臨倒閉危機。此時伊隆‧馬斯克卻表示：「即使所有投資者都放棄，我一樣會守護特斯拉汽車公司！」是的，他投入所有的個人資產，衝破了危機。

此外，SpaceX在發射火箭「獵鷹1號」時也遭遇失敗，最大的屈辱莫過於在發射前發現火箭本身有問題，而不得不將火箭從發射台上卸下。但伊隆‧馬斯克無論在任何時候都不曾放棄，他只是全力向前邁進，堅持到底。

據估伊隆‧馬斯克現今的資產約有80億美元。2010年上映的電影《鋼鐵人 2》（*Iron Man 2*），主角東尼‧史塔克（Tony Stark）的人物原型正是伊隆‧馬斯克——既是風流倜儻的天才發明家，也是億萬富翁，披上鋼鐵人的戰袍鏟奸除惡。電影在全球上映後造成轟動。

鋼鐵人對抗強敵，總是經歷一番苦戰才能獲勝；而伊隆·馬斯克同樣也在殘酷的現實世界裡，不斷地挑戰著經常事與願違的每一項任務。

本書將詳述伊隆·馬斯克的偉大奮鬥歷程，以及諸多改變人類未來的冒險。

他的野心究竟能夠改變人類的歷史，或只是空有野心而已，誰也無法論斷。但和伊隆·馬斯克生活在同一個時代的人們，也都無法輕易忽視他或許異想天開，卻無所畏懼地實現夢想的身影。

就先從伊隆·馬斯克的年少時期開始說起吧。

The
Ambition
of
Elon Musk

CHAPTER
1

原點——來自南非的美國夢

不再怕黑的孩子

伊隆・馬斯克生於1971年南非首都普勒托利亞（Pretoria）的一個富裕家庭。從小喜愛閱讀，當周遭的孩子仍沈浸在玩具堆裡樂不可支時，他卻陶醉在書香裡。托爾金（J. R. R. Tolkien）的《魔戒》（*The Lord of the Rings*）、艾西莫夫（Isaac Asimov）的「銀河帝國三部曲」（The Galactic Empire Trilogy）都是他的最愛。馬斯克在8歲那年就已經看完《大英百科全書》（*The Encyclopædia Britannica*）。到了小學高年級時，甚至一天有十幾個小時都在看書。

曾經，伊隆・馬斯克也和其他孩子一樣非常怕黑。但當他理解了「黑暗是因為欠缺光子（photon）」的科學原理後，便從此

不再害怕了。

「衣櫃裡躲著怪獸」——書本裡總是有無限的想像空間，一般的孩子在這樣的異想世界裡做夢、幻想。但馬斯克不一樣，他不是為了開心才讀書，而是為了想從書裡獲得事實和真相，並增長知識。伊隆·馬斯克從小的學習態度和素養，竟開啟了他十年後的未來，或許連他的父母都始料未及。

熱愛閱讀的馬斯克提早一年入學，雖然在班上年紀最小、個子也最小，但卻更加聰明，知識也更為豐富。這樣的人通常在班上都不太討喜，因而在學校也不免受到粗暴的對待。但就算在學校被欺負，每天早上起床都不想去上學，他的父母還是會逼著他去。

馬斯克的父親是荷英混血的電力工程師，母親則是加拿大出生的營養師、模特兒。好奇心旺盛的馬斯克總是不停地問父親很多問題：「為什麼？到底為什麼？」也許因為父親是工程師，伊隆·馬斯克有什麼就問什麼，父親對他而言，就像老師一樣。

10歲那年，伊隆·馬斯克用他所有的零用錢，再加上父親補足不夠的部分，買了渴望已久的電腦和電腦程式教學書，無師自通學會了電腦程式編輯。

短暫的史丹佛生涯

馬斯克的父親很有數學天份，同時也很會畫畫，他曾經開玩笑地對馬斯克說：「學電腦沒有什麼用。」和父親不同的是，馬斯克對電腦非常有興趣，12歲那年他就自己開發了一個軟體「Blaster」，並以500美元出售。接觸電腦正是他日後在網路業界成功的關鍵。

在馬斯克8歲那年，父母就離婚了。他和弟弟、妹妹及母親一同生活。母親梅·馬斯克（Maye Musk）是個有能力且充滿幹勁的營養師，她獨力撫養三個孩子長大。馬斯克移民到美國之母親也一同前往，以健康飲食顧問和抗老化專家的身份在美國發展地非常成功。

17歲那年，伊隆·馬斯克決定獨自搬到加拿大生活。他申請進入安大略州的皇后大學，以開拓自己的人生。由於母親非常反對他離開故鄉南非，因此他的留學費用全得靠自己。伊隆·馬斯克雖然寄住在加拿大的親戚家，但生活並不優沃。他在農場打工時，會一次買很多便宜的柳丁，囤積吃上好幾天以節省開銷，也曾過著一天一美元的貧窮生活。

之後，他申請到獎學金，得以插班進入美國東岸的賓州大學就讀，主修他喜歡的商學和熱愛的物理學。伊隆·馬斯克從小就想像著，美國是個動漫、電影和科技的國家，也是自由的國度。他憑自己的本事進入美國的大學，爾後在美國學到的知識

和技能，不僅是他一生取之不盡、用之不竭的本領，物理學的思考邏輯更是日後支持他的最大力量。

在微軟推出Windows95的1995年，伊隆‧馬斯克正好進入矽谷附近的史丹佛大學研究所，並身陷網路流行熱潮。那時，以開發網路瀏覽器的網景通訊公司（Netscape Communications Corporation）最受矚目。不少年輕人懷抱著美國夢，想成為第二個比爾‧蓋茲，新公司也如雨後春筍般一家一家地成立。眾所周知，於1998年成立的Google，也是由史丹佛大學的布林（Sergey Brin）和佩吉（Larry Page）共同創立。

伊隆‧馬斯克已經一腳跨進這股熱潮的核心了，但他思考著，與其將寶貴的青春用在學業上，不如自己創業，把精神投注在生意上。當初為了學習應用物理學和材料工業學，好不容易才獲准進入的史丹佛大學，伊隆‧馬斯克竟然在開學的第二天休學了。放棄了研究所課程之後，他便和遠從南非到加拿大的弟弟金巴爾（Kimbal Musk）一同成立開發線上讀物出版軟體的Zip2，朝著未來出發。

這個24歲的草率決定，有人冷嘲熱諷、也有人支持。雖是眾說紛紜，但很確定的是，伊隆‧馬斯克始終都認為在美國沒有不可能的事，所以才會遠渡重洋來到這裡。如今他所做的事，也都是看似不可能的任務。

幸運的致富之路

伊隆·馬斯克在24歲創辦的軟體開發公司Zip2，在數年後以3億美元賣給當時電腦業界的龍頭康柏。賣掉Zip2之後，他個人大約得到2,200萬美元，躋身富翁之列。接著他又創辦了網路付費服務公司X.com，小他一歲的弟弟金巴爾也在此時投資了這家公司。

一個懷抱著美國夢、遠從烏克蘭來的年輕人，在同時期也和伊隆·馬斯克展開了同樣的事業——他就是馬克斯·雷夫欽（Max Levchin），創立了Confinity公司。

原本應該是競爭關係的Confinity與X.com，在2000年合併為線上付費機制公司PayPal；更在不久後被全球最大的拍賣網站eBay以15億美元收購。共同創辦人伊隆·馬斯克這次又得到了大約1.7億美元。2002年，他靠著這筆資產創立了SpaceX。

伊隆·馬斯克的創業之路看似十分順遂，一路以來確實愈變愈有錢了。PayPal更可說是將他推上太空的強力火箭。但對馬斯克來說，在PayPal的美好回憶和無法忘懷的苦日子，就像硬幣的正反兩面一樣，一切都深深地刻印在心裡。

雷夫欽的故事——逃離車諾比核災的家族

既然PayPal如此重要，我們就不得不談到合併前的Confinity及

其創辦人馬克斯‧雷夫欽。

馬克斯‧雷夫欽1975年出生於舊蘇聯體制下的烏克蘭，11歲那年，也就是1986年，距住家不到10公里遠的車諾比核電廠發生爆炸事故。此後，他的人生產生了巨大變化。眾所周知，這是史上最大的核電事故，原因也在不久後便查明了。馬克斯‧雷夫欽的母親是在政府研究單位工作的物理學家，她暗地裡知道這次事故的情形後，便決定舉家離開烏克蘭。當時他們身上大約只有700美元，但還是拜託遠房親戚讓他們搬到美國。

馬克斯‧雷夫欽一家人搬到芝加哥生活，他修好了從垃圾堆撿來的黑白電視機，每天看電視節目學英文，並用父母辛苦換來的中古電腦自學程式編輯。而在此時，他就已經對密碼技術感興趣了。

高中畢業後，雷夫欽進入伊利諾大學香檳分校。因為伊利諾大學創立了網景通訊公司，且網路時代的先驅者馬克‧安德生（Marc Lowell Andreessen）等人才輩出，他心裡暗自打算用軟體創作的技術來維持家中生計。

馬克斯‧雷夫欽在學生時代已成立了三家開發公司，其中一家Net Meridien還以10萬美元成功地賣給了微軟。他計劃搬到矽谷附近去尋找未來發展的可能性，並進入史丹佛大學學習世界經濟與全球化管理。之後，他在史丹佛大學認識了彼得‧帝爾（Peter Thiel）。彼得‧帝爾是德國出生，加州長大的西洋棋高

手，專長是數學；最讓人記憶深刻的，就是史丹佛大學發行的《史丹佛評論》（*Stanford Review*）即是他創刊的。彼得・帝爾從史丹佛大學法學院畢業後，在證券公司負責衍生性金融商品的交易，也在母校擔任特聘講師。

馬克斯・雷夫欽想用他的密碼技術做一番事業，他和彼得・帝爾商量後，決定兩人一起創業。最初成立的公司名為Fieldlink。自網路付費服務開始後改名為Confinity，而提供服務時的名稱就是PayPal。

被PayPal開除的伊隆・馬斯克

伊隆・馬斯克的X.com和雷夫欽的Confinity本是競爭關係，2000年決定合併，暫時沿用X.com為公司名稱，之後才改名為PayPal。執行長（CEO）由Intuit公司原CEO比爾・哈里斯（Bill Harris）擔任；財務長（CFO）由彼得・帝爾擔任；董事長則由最大股東伊隆・馬斯克擔任。

公司合併後往往會發生一些外人難以察覺的內鬥。舉例來說，日本很多銀行為了解決呆帳問題陸陸續續合併，因此誕生了不少大型銀行。像是第一勸業銀行、富士銀行、日本興業銀行三家合併的瑞穗銀行，合併後就曾發生ATM突然無法提領現金，提款一次卻被扣款兩次等情況。每個錯誤都是非常要命的系統問題，讓合併後的瑞穗銀行形象極差。每家銀行都認為自己原本的系統是最好的，因此都想延用自己過去的系統，因而疏忽

了系統整合與操作上的確認，最後導致無法挽救的結果。

而合併後的PayPal又有什麼事發生呢？執行長比爾‧哈里斯和財務長彼得‧帝爾為了公司的營運方針反目成仇，而讓兩人關係更為惡化的導火線，莫過於比爾‧哈里斯擅自捐款25,000美元支援民主黨的事情曝光。

逼近決裂的還有另一件事。開發部門有一派的人主張應改用Windows NT系統，另一派則認為應該繼續用UNIX系統，兩派人馬形成很大的對立。伊隆‧馬斯克主張使用Windows系統，而馬克斯‧雷夫欽則傾向使用UNIX系統。

結果，比爾‧哈里斯和敵對的彼得‧帝爾兩人相繼辭職，改由董事會選出接任者。於是伊隆‧馬斯克成為PayPal的新任執行長。

剛當上執行長的伊隆‧馬斯克想撤掉PayPal這個品牌，將服務系統名稱改為原來的X.com，且執行力強的他馬上著手進行。但公司內部另一派人馬卻對他的行為十分反感，他們認為X.com這名字像色情網站，不夠體面，一般顧客很難接受。再加上原來Confinity公司的全體員工，更堅決反對變更服務系統名稱。

要用Windows NT或UNIX的事尚未定案，伊隆‧馬斯克卻搞不清楚事情的嚴重性，跑去看2000年9月的雪梨奧運，此時他已

一派輕鬆地往澳洲出發了。

有心人當然不會錯過這個大好機會。馬克斯・雷夫欽趁著執行長伊隆・馬斯克不在時，集合Confinity的班底預謀改變政策。他召開董事會要求解雇伊隆・馬斯克，也不忘威脅所有人：「如果不通過，我就離開公司。」

結果當然是伊隆・馬斯克被解雇了。這個政變的消息很快就傳到正飛往澳洲的伊隆・馬斯克耳裡。之後，他也自我解嘲地說：「真是一件打擾我休假的麻煩事。」此事讓人聯想到創立蘋果的賈伯斯，他也在30歲那一年被趕出蘋果。

PayPal的關鍵戰役

伊隆・馬斯克被解雇之後，彼得・帝爾取而代之接任執行長。然而PayPal的挑戰才正要開始。

當時PayPal搭配拍賣網站eBay來增加使用人數，但eBay的女強人執行長梅格・惠特曼（Meg Whitman）卻認為PayPal只是利用eBay在賺錢，內心非常糾結。因此，梅格・惠特曼慢慢地轉移到收購的子公司提供的付費服務系統Billpoint。

但PayPal的服務系統完善、有很多固定用戶，點閱數也持續成長，此一事實比梅格・惠特曼的生意手腕更強而有力。

看準公司的成長趨勢把公司賣掉是矽谷人的成功方法之一。PayPal的執行長彼得‧帝爾在這時已經開始尋找PayPal的買家；不僅如此，他設想的很周到，萬一找不到好買家就讓公司股票上市。所以另一方面，他同時也著手準備股票上市。

彼得‧帝爾先是找了Google和Yahoo!兩家公司洽談，但結果都不歡而散，於是他讓PayPal的股票在2002年2月15日正式上市。

此後，關係始終不佳的eBay和PayPal終於結成親家，以15億美元的「聘金」，PayPal就這樣嫁進eBay了。這時伊隆‧馬斯克手上還握有12％的PayPal股份。沒錯，如前述，這次他又賺了1.7億美元。

回想起來，好運和壞運這樣來來去去，這筆錢就像從天上掉下來的意外之財。這筆鉅款也是促使伊隆‧馬斯克拯救人類和地球的宇宙開發資金。

NASA不做，我來做

在網路這個領域有為數不少的新事業不斷地誕生，在幾家歡樂幾家愁的背後，有個不變的守則就是「沒有半毛資金也能輕鬆創業」──Google是這樣、Facebook也是如此，大家都依循這個守則開始他們的事業。

但也有一些領域的創業門檻非常高，沒有鉅額資金投入就無法

進入。最具代表性的事業就是太空火箭，它所耗資的人力與財力龐大到無法想像。

沒錯，伊隆・馬斯克已經是億萬富翁了，但開發太空火箭所需要的資金卻難以計數。究竟伊隆・馬斯克為什麼非得要一腳踩進太空火箭的世界裡呢？

故事回到2002年。在返回紐約的車上，當時很晚了，窗外下著雨。伊隆・馬斯克和一同搭車的大學時期朋友閒聊起來。

在長途車程中聊天解悶，朋友無意間問了一句：「離開PayPal之後你要做什麼？」伊隆・馬斯克也隨口答道：「我從以前就對太空火箭感興趣。」黑夜中車子繼續前行，雖然他因為PayPal的出售成了億萬富翁，但開發太空火箭是多麼燒錢，又多麼複雜的事啊。他不禁想著：「我一個人能做什麼呢？我什麼都不會。」

但當時年少的兩人異口同聲說了：「可是……人類總有一天得到火星，對吧！？」此時，伊隆・馬斯克像是得到天啟一般，開始思考很多問題，像是「為什麼至今都沒有將人類送上火星呢？」伊隆・馬斯克上NASA的網站搜尋，其中並沒有任何有關火星的內容。

「一定是哪裡出了問題……」

領先全球宇宙開發的美國，竟然放棄將人類送上火星，問題不在於技術太困難，真正的原因在於太空火箭的開發成本太高。1989年曾經試算載人搭乘到火星的費用，金額是5,000億美元。

不難理解此一金額是政客故意灌水的數字，使得預算超額，國家計畫衍然變成政治鬥爭，導致美國的政界人士都避而遠之。也就是說，我們有理想但計畫過於耗資，所以難以執行。他們不考慮技術面的問題，而是直接把龐大數字擺在眼前，如此執行與否就變得很容易評估了。結論是，由於金額過於龐大，美國民眾從此不再想搭火箭飛到火星。

但事實上，如果能用合理的價格製作火箭，NASA是有能力將人類送上火星的。「飛往火星的火箭，我自己來做！」伊隆・馬斯克已經下定決心，決定要執行這項不可能的任務了。

幾個月後，伊隆・馬斯克成立了太空火箭開發企業SpaceX，並且他的目標是「讓人類移民火星」。

地球的總人口已經超過70億，預計2050年就會逼近100億人。再加上二氧化碳不停排放，全球暖化導致海平面持續上升，自然環境快速惡化、天候異常、糧食短缺、供水不足……已瀕臨危機的地球，真能住那麼多人嗎？伊隆・馬斯克認為人類總有一天要搬到地球以外的星球生活，所以移民火星的願望刻不容緩。

SpaceX總部

而他第一個要跨越的門檻，就是鉅額的火箭開發費用。

活用物理學，縱橫商業界──回歸原理

伊隆‧馬斯克在賓州大學主修物理學，因此他以物理學的思考邏輯縱橫商業界，可說是無人能出其右。在物理學的領域，講求的是不模仿也不推論，回歸「原理」，重新思考。

但無論在日常生活或工作中，人們都喜歡以經驗來推論。例如身邊的長輩、主管們怎麼做，我們就跟著看、跟著學，然後再比他們更效率，做得更好。小孩子的成長過程，也大多是依照這個模式。

可是當我們要進行的是一項全新的挑戰時，模仿根本毫無助益。例如真空管曾經是所有電器產品的核心技術，但無論如何鑽研真空管技術，終究沒辦法發明原理全然不同的電晶體。因此，飛利浦等真空管大廠要將事業轉型到電晶體才會晚了一大步。伊隆‧馬斯克很清楚，要做一個無先例可循的新產品時，最重要的就是回歸原理，重新審視所有一切。

他的第一步──「火箭是用什麼材料做的？」

就從這個最根本的問題開始。答案是：航空太空使用的鋁合金、鈦、銅和碳纖維。

第二步——「這些材料的市價大約多少錢？」

最後得到的答案是，火箭的材料成本只不過佔開發總成本的2%，而這個數字遠比其它機器類產品的材料成本比例來得低。以各行各業的材料成本來說，特斯拉的汽車材料成本大約20%至25%，電腦產品的材料成本甚至高達90%。這都是業界的常識，任何一項跟火箭相比之下，都相差了一位數以上。

這意謂著什麼呢？沒錯，伊隆‧馬斯克從這件事導出一個最根本也最鼓舞人心的結論——「火箭的總成本可以大幅壓低」。他有自信，可以用更低的成本製作火箭。

美國製作的「三角洲4號」（delta IV）火箭，開發費用高達25億美元，發射成本更耗費1.5億美元。有了這些數字，伊隆‧馬斯克發下狂語，立定他的目標：「我要用過去十分之一的成本發射火箭。」SpaceX就因此而成立了。

大家都知道，在美國許多人都能輕鬆創業，一間又一間的新創公司，絲毫不足為奇。賈伯斯當時也只用了一千多美元就創立了蘋果，Google和Facebook也都是典型的例子。

但是太空火箭事業不一樣，無論再怎麼壓低成本，不變的是這個事業終究需要龐大資金；更無庸置疑的是，剛創業的公司不但資金不足，也缺乏人才。所有人都在質疑，一家新創公司真

的能開發火箭嗎？火箭開發的專家們也都斷定，這個耗費龐大資金且需要花上數十年歲月開發的事業，沒有政府的全面援助是不可能辦得到的。

伊隆‧馬斯克和SpaceX的員工，並沒有因為這些批評和刻意中傷而感到挫折。他們開始著手開發SpaceX的第一架太空火箭「獵鷹1號」，並在這架火箭上寄托了他們偉大的夢想——將人類送上火星。

而大約在SpaceX成立快兩年的時候，伊隆‧馬斯克又被牽引到另一個命運了——電動車。

全心投入電動車

伊隆‧馬斯克在大學時，經常對二氧化碳排放所導致的溫室效應和地球環境的未來感到憂心。他很確定，若要降低廢氣的排放量並減少自然環境的破壞，就不能再開汽油車，而應該讓電動車普及化。他希望有一天能讓電動車商品化。伊隆‧馬斯克默默地將這個願望藏在心裡某個角落的同時，創辦了Zip2和PayPal。2002年更成立了SpaceX，並把所有的時間和精神都放在開發火箭上。

對此議題深感興趣的還有兩人。一位是同樣認真思考以電動車取代汽油車的馬汀‧埃貝哈特（Martin Eberhard），另一位則是因為年少時的經驗，燃起了想開發電動車念頭的傑佛瑞‧史

特勞貝爾（Jeffrey B. Straubel）。

馬汀・埃貝哈特出生於加州，比伊隆・馬斯克年長十一歲，就
讀伊利諾大學香檳分校，主修計算機科學，並擁有電氣工學碩
士學位。他曾在慧智科技公司（Wyse Technology）擔任工程

馬汀・埃貝哈特

師，也曾自己成立兩家網路終端機公司，但一直對全球必須仰
賴中東進口石油心存疑問，並認為應盡早制止地球繼續暖化。
之後馬汀・埃貝哈特便在美國加州創立了電動車企業「特斯拉
汽車公司」，但為了調度資金四處奔走，這類社交工作讓他覺
得十分吃力。

馬汀・埃貝哈特製造的電動車，創意源自於AC Propulsion
（ACP）的tzero車款。ACP是1992年艾爾・科科尼（Al
Cocconi）和夥伴共同創立的美國電動車公司，主要只設計、不
量產。ACP的tzero手工製電動跑車在1997年正式推出，搭載鉛

ACP的tzero車款

蓄電池馬力卻有150瓦，車速性能顯示0-97 km/h可達4.7秒，在汽車業界掀起一片討論。

年輕的史特勞貝爾，想像的也是ACP的tzero。他14歲那年在二手店看到高爾夫球場用的電動車時，就被電動車深深吸引。此後，他連做夢都會夢到自己正在製造電動車。

史特勞貝爾馬上想到用雙動力的拖車。25歲那年，他將一台保時捷944改造成電動車，在外頭駕駛時就像是電動車的異形。史特勞貝爾在史丹佛大學主修能源工業學，並取得碩士學位。

傑佛瑞‧史特勞貝爾

畢業後他進入Rosen汽車公司負責雙動力汽車的動力傳動開發；爾後，他又參與創業，成立航空太空公司Volcom，並協助開發以水力發電的高難度飛機。此外，他也曾研究遠距離飛行的雙動力推動系統，並取得專利——這項技術後來交由波音（Boeing）公司代理製造生產。

由於伊隆・馬斯克因創立SpaceX而聲名大噪，史特勞貝爾曾向這位大他四歲的億萬富翁募資。

伊隆・馬斯克因緣際會認識了史特勞貝爾，又在馬汀・埃貝哈特的邀請出資下，他總算有機會跨足新事業，投資特斯拉汽車公司，製作使用鋰電池發動的電動車。為了創造一個永續的社會，他要做的是完全不排放廢氣的電動車，而非二氧化碳到處亂飛的汽油車。是的，他還有太空火箭公司SpaceX，可說是身兼數職。

2004年，伊隆・馬斯克投資特斯拉汽車並擔任董事會會長，馬汀・埃貝哈特擔任執行長，史特勞貝爾擔任技術長（CTO）。伊隆・馬斯克以一個投資者的身份，重新嚴格地審視電動車的產品構思。

然而伊隆・馬斯克提出他獨創的「EV戰略」（電動車戰略）。其它汽車公司大多是以一般顧客為目標族群，車款也幾乎都是短短肥肥的車身設計。伊隆・馬斯克一下子就把目標指向金字塔頂端，他要做任何人都夢寐以求的帥氣跑車，以聚集全世

界的目光；之後再把觸角延伸到金字塔底端，增加一般主流車款。具體來說，最高級的車款是10萬美元上下的雙門跑車Roadstar，中級車款是5萬美元左右的四門房車，再來則是2萬美元左右的國民車。

首先，就從Roadstar的開發開始。那當然得要有衝鋒陷陣的本錢！

投資家的手腕

在特斯拉汽車公司，伊隆‧馬斯克最大的使命就是向全美投資者籌募資金，這讓人想到就胃痛。為了集資，不可或缺的就是吸引人的事業規劃。伊隆‧馬斯克和馬汀‧埃貝哈特首先規劃他們的旗艦款跑車Roadstar必須在兩年內完成，開發費用估計是2,500萬美元。但這個看似完美的事業規劃，之後將會讓他們陷入苦境。

全美第一樂天又極具現實主義的伊隆‧馬斯克，在2004年第一回合的集資，就成功募集到750萬美元；2005年第二回合集資，又籌到1,300萬美元。這些大部份都是從他過去的夥伴，也就是從他的事業起點——矽谷——的眾多投資者那裡所募得的資金。

很遺憾的是，徒有資金根本做不出他們想要的帥氣電動車。事實上，特斯拉汽車公司聚集的全是菜鳥，他們還需要會製造車

子的工匠。

於是，特斯拉決定和英國Lotus汽車簽署共同開發合約。Lotus
汽車1952年成立於英國，是一家推出不少賽車的知名汽車大
廠。尤其1996年推出的輕量型跑車Lotus Elise，吸引了世人的
目光——流線型的性感車身線條加上低駕車座椅，車身使用鋁
合金，外殼用的是強化纖維塑膠（FRP），Lotus汽車大膽地將
汽車變輕了。順道一提，Elise這名字是當年Lotus汽車陷入經
營危機時，向他們伸出援手的羅曼諾·阿爾迪奧利（Romano
Artioli）之孫女的名字。

1996年推出的第一代Lotus Elise

馬汀‧埃貝哈特很肯定對菜鳥集團特斯拉而言，能和輕量化跑車名門Lotus汽車結合，絕對是最佳拍檔。簽了合約，Lotus汽車開始對新型電動車的設計開發提出建議，也協助特斯拉的汽車製造生產。特斯拉汽車公司一路走來搖搖晃晃，Lotus汽車身兼褓姆和家教，為他們的事業帶來極大的幫助。

兩種「故障」截然不同

特斯拉試做的第一台模型車，是以Lotus Elise的車身加上技師剛研發出的電動車運轉系統結合而成，且開始進入測試階段。

針對汽車的測試，要經歷實際路跑才會知道問題所在，因此特斯拉試做了數十台不同的車種用以試車。最好的電動車該有的數百種測試包含耐久性、耐衝擊性等，他們逐項測試，一個個找出問題。

特斯拉汽車的員工大多是IT背景的人。在IT的世界裡，電腦故障多半不是什麼大不了的事，通常也不會危及生命安全；而伊隆‧馬斯克和馬汀‧埃貝哈特過去的經驗，都是解決電腦軟體的問題。

但這次他們要製造的是電動車，萬一發生交通事故，或和卡車對撞，駕駛和乘客的安全若沒有受到保障，那再好的車子也沒用。

馬汀‧埃貝哈特在演講時曾說過這麼一句話：「汽車的『故障』和電腦軟體的『故障』完全不同。」在IT的世界裡看似理所當然的事，在汽車開發的領域卻不是全然如此。一群沒有開發汽車經驗的夥伴都想儘早完成Roadstar，特斯拉的技術人員則是投入他們最大的努力，日以繼夜地不停測試。但他們還在黑暗的隧道裡找不到出口。

The
Ambition
of
Elon Musk

CHAPTER 2

難關——人生最黑暗的時期

陌生的國度——南非

對許多人而言,伊隆‧馬斯克出生的南非共和國是個非常陌生的國度,南非和其它非洲國家一樣,曾經歷原住民與歐洲人的戰爭,也有過殖民地的歷史。

影響南非最大的,莫過於大航海時代葡萄牙人和荷蘭人的入侵。荷蘭東印度公司曾以開普敦(Cape Town)為中繼地,四處擴張權力和版圖,隨著移民南非的荷蘭人愈來愈多,進而形成開普殖民地(Cape Colony),當時深膚色人種全都淪為奴隸。

南非原住民和歐洲人之間的爭端從未間斷,當鑽石和黃金的礦

山被挖出開採後，英國人也開始覬覦這塊土地，果不其然在拿破崙戰爭結束後，南非殖民地的主權從荷蘭人手中交到了英國人手中。此後，英語變成南非的官方語言。第二次世界大戰結束後，南非的種族隔離政策愈演愈烈。

爾後，整個非洲大陸漸漸擺脫殖民地控制，朝著主權獨立的方向邁進。1975年，臨近南非的安哥拉共和國及莫三比克共和國終於擺脫宗主國的統治，成為主權獨立的國家。另一方面，1980年西方各國針對南非的種族隔離政策採取了經濟制裁，使南非境內的覺醒運動愈來愈激烈。伊隆·馬斯克的青少年時期，就是在這樣的時空背景度過的。

1987年，由丹佐·華盛頓（Denzel Washington）主演的電影《哭喊自由》（Cry Freedom），就是以解放黑人革命家史蒂夫·畢柯（Steve Biko）遭警察殺害的事件為背景，主要訴求是廢除種族隔離政策。當然這部電影當時也在南非上映了，但白人卻用他們的惡勢力，在上映電影院裝置炸彈引爆。

1988年，伊隆·馬斯克17歲，正準備離開南非前往加拿大。當時的南非實施義務徵兵制，年滿18歲的男性就必須服兵役，伊隆·馬斯克敘述了他想離開南非的理由：「我並不是不願意服兵役，而是當時南非正在鎮壓黑人，我不認為這樣的兵役對自己的人生有什麼幫助。」

伊隆·馬斯克離開家鄉後，南非經歷了一連串的變化。1991

年，總統弗雷德里克・威廉・戴克拉克（Frederik Willem de Klerk）宣布廢除種族隔離政策，隨後在1994年誕生了黑人總統尼爾森・曼德拉（Nelson Mandela）。

發射「獵鷹1號」

伊隆・馬斯克離開南非十七年後的春天（2005年），在印尼蘇門答臘島發生死傷慘重的大地震；同年夏天，美國東南部也發生卡崔娜颶風，導致傷亡慘重，全球動盪不安。

伊隆・馬斯克正準備要挑戰這個動盪不安的局面，身為SpaceX的CEO，他向全世界宣布一個至關重要的決定，決定在11月25日發射第一架無人乘坐的太空火箭「獵鷹1號」。消息一傳出，所有人都把焦點轉向「矽谷出身的年輕創業家」、「SpaceX」和「一群新手做出來的獵鷹1號」。眾人的期待愈高，不安的情緒也隨之高漲。

而第一次要飛上天空的「獵鷹1號」究竟是什麼樣的火箭呢？太空火箭的噴射系統有兩種：一種是「固體燃料火箭」（Solid-fuel rocket），另一種則是「液體燃料火箭」（Liquid-propellant rocket）。

固體燃料火箭用的是混合燃料和氧化劑的固體燃料，因此產生的噴射力較大。但缺點是一旦點火後就無法停止燃燒，所以較難正確控制駕馭，且火箭機身必須承受燃料燃燒時的高溫和高

壓，勢必會加重機身的重量。

液體燃料火箭則是將燃料和氧化劑分別放在不同的儲存槽，引燃時兩種燃料才注入燃燒室裡混合。此方法不僅能控制燃燒的狀態，並且能精準操控噴射力。由於操作時必須混合兩種燃料後再燃燒，結構上有些複雜，卻改善了固體燃料火箭一旦引燃就無法熄滅的問題。

液體燃料火箭可重複點燃與熄滅的特性，足以在發射前不斷重複測試以修正，並提高火箭的性能和準確性。如今包括日本開發的H-2A與各國發射的大型火箭都屬於液體燃料火箭。此外，液體燃料火箭在重複測試後得以量產，更可提高準確度並大幅降低成本。SpaceX開發的「獵鷹1號」就屬於液體燃料火箭，在此之後開發的火箭也都屬於液體燃料火箭。

突如而來的失敗

裝滿液體燃料、全長21公尺、總重39噸的火箭「獵鷹1號」，已經在瓜加林環礁（Kwajalein Atoll）海域歐姆雷克島（Omelek Island）上，一處名為隆納・雷根的防禦飛彈測試場上蓄勢待發了。SpaceX發射團隊的每一個人都雀躍不已，並為寫下歷史的一刻做了完全的努力和準備。

雖然發射日比預定的時程晚了一天，11月26日又因天候不佳，火箭發射的倒數晚了一小時。儘管如此，大家還是滿心期待

「獵鷹1號」升空的瞬間，也就是伊隆‧馬斯克前進太空的第一步。

但是，更嚴重的事情發生了。就在火箭要發射之前，他們發現液態氧燃料儲存槽的設定錯誤，於是緊急以手動方式試圖修正，卻在此時又發現主要引擎的電腦設定也有問題，結果不得不停止這一天的火箭發射。

伊隆‧馬斯克雖然很錯愕，但沒有時間可以沮喪。他馬上對外宣布：「下一次的發射日是12月中旬。」無論如何，他都不讓世人矚目的焦點離開。世間就是如此變化無常，伊隆‧馬斯克在網路的世界裡深刻體會過，他明白若不牢牢抓住眾人的目光，很快就會被淡忘了。

SpaceX的技術人員個個聚精會神地研究並修正之前發現的問題。二十多天後，在12月19日，「獵鷹1號」再次站上發射台，朝著天空準備就緒。

上天似乎想給伊隆‧馬斯克更多考驗。這一次也是在發射前的瞬間又被迫中止了。

這回發現第一節火箭的燃料儲存槽有構造上的問題，為了分析問題及解決問題，只好又把「獵鷹1號」從發射台上卸下來。這種屈辱就好比拳擊選手站上了擂台，在戴上手套的那一刻，卻被醫生宣告禁賽一樣難堪。

伊隆·馬斯克壓抑住快破碎的心,再次對外宣布:「我預計下次的發射日⋯⋯最快也要1月下旬吧!」

遙不可及的宇宙

挑戰了所有的可能性就會馬上成功嗎?人生不可能永遠一帆風順,挑戰和成功之間還有許多嚴苛的考驗在等著。

SpaceX開發的「獵鷹1號」幾度站上了瓜加林環礁的隆納·雷根防禦飛彈測試場卻發射不了;過了2006年1月仍舊無法再次站上發射台。

在無計可施的情況下,只好再次對外宣布:「2月準備發射。」但到了2月10日,杜林(Torino)冬季奧運都要開始了,考驗著伊隆·馬斯克的問題依舊難解,他只好對外說明無法發射的原因:「火箭引擎的測試已經完成,但還不到可以發射的時候,我們還需要一些時間。」

不少人失望地說:「果然對一家新成立的公司來說,負擔還是太重了。」

自從NASA停止生產太空梭之後,決定藉由私人企業的力量將物資運送到國際太空站(ISS)。到目前為止,以NASA的做法花費實在太高,他們想藉由私人企業來壓低成本,因此開始了

商業運送計畫。NASA提供資金和累積的技術給私人企業，讓私人企業能以低軌道運送（快速運送）方式前進國際太空站，而這個雀屏中選的私人企業就是SpaceX。

但當眾人聽到「獵鷹1號」的發射不斷延期的消息後，便開始批評NASA的決定不夠妥當。就連人類史上首度登陸月球表面的太空人阿姆斯壯（Neil Armstrong）也認為，私人企業若是延遲運送物資到國際太空站，就會拖累NASA至今一路辛苦走來的宇宙探訪工作。再者，如果鬧出了攸關人命的問題，將會澆熄大家對宇宙開發的熱情，鉅額的資金都將付之一炬。

看著「獵鷹1號」飛不上天空，許多宇宙開發專家紛紛幸災樂禍、冷言冷語。美國的太空火箭開發，原本是由勢力強大的數人把持，而他們極度不樂見有新的競爭者出現。

無論外界如何批評、如何叫罵，伊隆‧馬斯克率領的技術人員個個優秀且野心勃勃，他們不分晝夜地努力打拼，只為了總有一天要讓「獵鷹1號」發射出去。對於眾人的批評，唯有以實際的行動才能證明誰對誰錯。

「獵鷹1號」的隕落

2006年春天，SpaceX的「獵鷹1號」總算要飛上天空了。

3月24日，「獵鷹1號」站在發射台上冒出猛烈的火焰和濃濃的

煙，朝著南太平洋的天空漂亮地飛出去了。雖然比預定發射的時間晚了四個月，但伊隆‧馬斯克和所有的技術人員心裡都想著「太好了！」……卻在此時，「獵鷹1號」的隔熱板掉下來了，又在幾秒鐘之後，引擎噴嘴的噴射方向突然轉向，火箭飛的亂七八糟。大約在發射後的40秒後，「獵鷹1號」墜落在南太平洋的海裡，驚人的開發費用和技術人員的辛勞都在此時此刻成了水中的垃圾。

每個技術人員都拼命想找出發射失敗的原因——燃料外洩引起機身周圍起火、造成燃料儲存槽內的壓力降低，進而引發安全裝置啟動，導致引擎停止。基於這些原因，「獵鷹1號」才會在發射後的第41秒就墜落在太平洋中。

人生就像火箭開發一樣無法避免失敗，重要的是從失敗中得到什麼教訓。燃料外洩之前，主要引擎和軟體都沒有問題，「獵鷹1號」的飛行很順利，飛行軌道的偏差也在0.2度以下。

為什麼「獵鷹1號」的燃料會外洩？ SpaceX技術人員急著要找出最根本的原因，同時朝下次的火箭發射投注最大的努力。然而，夏天過了，秋天來了，都到了聖誕季節了，「獵鷹1號」還是飛不上去。

眾所矚目的特斯拉汽車

當大家擔心「獵鷹1號」的同時，世人卻對開發電動車的特斯拉

公司期待愈來愈高。

特斯拉汽車公司在2006年進行第三回合的集資，伊隆‧馬斯克這次又募集到4,000萬美元。在這次的集資活動，Google創辦人布林和佩吉，以及eBay原總經理傑弗瑞‧史考爾（Jeffrey Skoll）等名人都參加了這次的投資，他們將希望與夢想寄託在特斯拉汽車的未來。也因為媒體的大幅報導，特斯拉汽車的知名度因此大為提高。

然而，就在2006年美國獨立紀念日7月4日這一天，太陽能發電企業「美國太陽城公司」誕生了。成立這家公司的年輕人是伊隆‧馬斯克的表弟林登‧瑞夫（Lyndon Rive）。人類只要燃燒石油等石化燃料，就會產生二氧化碳，進而破壞地球環境，他為了打破這個惡性循環而成立美國太陽城公司。事實上，伊隆‧馬斯克給了表弟很多建議，除了出資也擔任該公司董事長。

其實，光是SpaceX和特斯拉汽車已足以讓伊隆‧馬斯克焦頭爛額，但他卻總是站在地球的角度思考；伊隆‧馬斯克的胸懷和偉大的事業觀，究竟伴隨著多大、多堅決的願景呢？

再將話題回到特斯拉汽車公司。伊隆‧馬斯克和埃貝哈特在電動車事業剛開始時，就已經計劃好用兩年的時間，以2,500萬美元開發高級跑車Roadstar。很快的，兩年過去了，也已經超出預算，又再次對外募資6,500萬美元，但是Roadstar卻還無法上

路。2007年5月，再次進行第四回合的集資活動，募集到4,500萬美元。此時特斯拉汽車內部卻極度混亂。

Roadstar的交期一再延宕

高級跑車Roadstar一台要價109,000美元，才開始預售，好萊塢大明星李奧納多・狄卡皮歐、布萊德・彼特（Brad Pitt）、喬治・克隆尼（George Clooney）等名人爭相搶購，在美國形成相當大的話題。但只有話題是成不了買賣的，唯有Roadstar出貨才算成交。

Roadstar的交貨期一延再延，外界開始傳言是不是供電系統的開發出了問題；但實際上最大的問題，出在動力傳動裝置。

最初的設計是採用麥格納國際公司（Magna International Inc.）生產的兩段傳動裝置，試跑了數千公里之後，發現零件有耐久性的問題而無法負荷，才緊急變更設計。最後決定採用博格華納公司（BorgWarner Inc.）生產的傳動裝置。

但是已經接受預購的訂單不得不儘快交貨，在交貨期緊迫的情況下，第一批跑車只好先裝載麥格納生產的傳動裝置。之後該怎麼處理呢？一方面備齊博格華納生產的傳動裝置、電力模組、冷卻系統，並加以變更設計；另一方面，召回已出貨的汽車，進行傳動裝置的更換作業。一連串的更換工作真是讓人苦不堪言。

生產成本之高也讓特斯拉幾乎斷氣。

Roadstar的預定生產數量為2,500台，因為當初預定的產量不多，所以選定的零件供應商並非專門量產的大廠，而是少量手工特製的小廠，這也是特斯拉汽車製造部門的虧損愈來愈嚴重的原因。少量生產計畫無法享有量產的優勢，若是以量產方式進行少量生產，恐怕在享有其優勢之前就已經完成預定的生產量了。

道理其實不難懂，只是當時大家想像的太美好了。而當下的問題是，Roadstar不出貨就沒有收入；沒有收入，資金調度就會出現缺口，也無法支付廠商的貨款，特斯拉汽車公司內部陷入一片混亂。

沒有失敗就不知道怎麼往下一步，從失敗中用最短的時間獲得最大的經驗，即是矽谷流的作風。

2007年，這一年夏天艷陽高照、暑氣逼人，Roadstar的發售已經延期了兩個月，伊隆・馬斯克認為這件事不該就此結束，他對創業者之一馬汀・埃貝哈特開口說了「開除」二字，決定尋找新的CEO。

伊隆・馬斯克雖然是以投資者的身份參與特斯拉的經營，但也插手了設計的部分。雖然有時會有一些不錯的創意，但有些時

候卻和馬汀・埃貝哈特的理念不合。

舉例來說，伊隆・馬斯克覺得門把設計應該使用觸控面板，馬汀・埃貝哈特卻認為觸控面板只會增加無謂的成本，而且會拖延Roadstar的交貨期。此外，伊隆・馬斯克認為車門下車身樑部的汽車座椅側板應該要調整的更低一點，馬汀・埃貝哈特卻覺得這樣做只會讓現場的生產作業變得更麻煩。

像這樣的爭執對立旁人也不敢插手，導致兩人的關係愈來愈糟，繼而拖慢了Roadstar的開發。據說馬汀・埃貝哈特被開除後，對特斯拉汽車公司和伊隆・馬斯克個人提出了控告。

儘管如此，為了重振動盪不安的特斯拉汽車公司，伊隆・馬斯克的抉擇是不接任CEO，而是從外面尋找適合的人選。最大的理由是，伊隆・馬斯克的另一家公司SpaceX已經就緒，準備發射了。

以樂觀的天性，挑戰未知的宇宙

特斯拉汽車公司的兩個創業夥伴在意見不合的同時，SpaceX的技術人員們一心一意地準備發射「獵鷹1號」。

2007年3月20日，「獵鷹1號」又再次站上瓜加林環礁海域的火箭發射台仰望著天空，倒數計時開始，距離上次的發射失敗又過了一年，大家總算盼到今天。

SpaceX的技術人員傾注全力、排除萬難，再次將「獵鷹1號」送上南太平洋的天空。但這天的網路新聞卻是這麼寫的：「SpaceX的『獵鷹1號』火箭第二次發射失敗。」

發射後大約7分鐘，第二節引擎比預定時間還要早就停下來，更沒有抵達預定的軌道。

即使是這種結果，伊隆‧馬斯克還是很樂觀。應該說他不得不樂觀地從失敗的泥沼中走出來，然後努力從失敗中尋找成功的可能性。

首先，第一節引擎成功分離了。其次，第二節引擎的點火和火箭彈頭的分離也都沒有問題。最讓人開心的，就是「獵鷹1號」這次飛了300公里遠。

伊隆‧馬斯克表示：「沒錯！太空火箭開發是個壓力極大的事業，但這次的結果我並不失望，反而覺得很開心。」他這樣的樂天個性正是挑戰未知宇宙世界的動力。在第二次世紀大戰中指揮諾曼第登陸，之後成為美國第34任總統的德懷特‧大衛‧艾森豪（Dwight David Eisenhower）曾經說過：「當一個指揮官最重要的就是樂觀，指揮中如果沒有自信、沒有熱情、感覺不到樂觀，勝利就沒有希望。」

伊隆‧馬斯克使出渾身解數，對媒體說著振奮人心的話：「今

天是美好的一天,火箭發射很成功。也許不是完美的一天,但絕對是美好的一天。」當然這番話也是為了激勵員工,說給已經灰心氣餒的員工們聽的。身為一個領導者此時如果意志消沉,員工一定也會垂頭喪氣。領導者即使咬緊牙關,也要做出最完美的演出。

伊隆·馬斯克的度量和遠見

夢想有一個特質,順風而行夢想就會愈吹愈大,逆風而行夢想反而會消氣,記住這個特質才能駕馭夢想。

但面對出乎意料的強烈逆風,伊隆·馬斯克使出異於常人的態度正面對抗。令人更意外的是他的眼光不只放在「獵鷹1號」,他更同時進行「獵鷹9號」(Falcon 9)的設計與開發。大型火箭「獵鷹9號」比「獵鷹1號」有高出10倍以上的接軌性能,離開地表的噴射力也有15倍以上。

儘管SpaceX的技術人員們還處在茫然的氛圍下,他們依然認真地完成「獵鷹9號」的詳細設計書,並呈交NASA,等待認可。

「獵鷹9號」的任務是執行NASA主導的商業軌道運輸服務(COTS)計畫,將物資運送到國際太空站。而在火箭頂端準備搭載的是SpaceX獨立開發的「飛龍號」太空船。

連第一步計畫「獵鷹1號」都還無法成功地發射出去,伊隆·馬

斯克卻已著手「獵鷹9號」和「飛龍號」的設計開發。這種做法對一向小心謹慎、害怕失敗的人來說，也許永遠無法理解。然而勇往直前的伊隆‧馬斯克卻未曾猶豫過。

以一個企業家來說，伊隆‧馬斯克最出色的地方是他不僅全神關注眼前的問題，也同步將心力分配給未來。就如同管理學之父彼得‧杜拉克（Peter Drucker）所說：「領導人的職責是將現今與長遠未來所需要的事，做一妥善協調。」

2007年8月，搭載太空船「飛龍號」的「獵鷹9號」計畫，通過了NASA安全審查委員會的第一階段審查。

誰來當特斯拉汽車的CEO？

伊隆‧馬斯克應該很想要一個分身。在SpaceX有棘手又飛不上去的「獵鷹1號」，在特斯拉又因原創辦人之一的馬汀‧埃貝哈特的離開，迫切需要一個新的CEO來收拾混亂的局面。

麥可‧馬科斯（Michael E. Marks）是伊隆‧馬斯克暫定的新CEO，他率領的偉創力（Flextronics）在代工製造業界遠近馳名。但其實伊隆‧馬斯克真正想找的CEO，是一個既能完成Roadstar的訂單並交貨到顧客手中，又能領導特斯拉汽車公司邁向下一步的人。在找到那樣的人選之前，麥可‧馬科斯將是特斯拉的代理CEO。

麥可・馬科斯接任後，馬上組成一支新的經營團隊，召集大家將特斯拉汽車公司目前面臨的問題條列在白板上，接著逐條決定誰該負責解決。方法雖然簡單，大家卻未曾落實執行。一次測試需耗時多久？找出製造的問題點要幾天？費用預估是多少？總成本需要多少？特斯拉公司忽略的這些基本的問題，如今一一浮上檯面。

製造現場邁向正常狀況的同時，伊隆・馬斯克找到了CEO的適當人選，是在高科技產業有長年作戰經驗，並創立Monolithic記憶體公司的澤夫・德羅里（Ze'ev Drori）。

12月，澤夫・德羅里成為特斯拉汽車公司的新任CEO後開始大刀闊斧地改革。他實施員工績效評估，將績效不好的人予以解僱，即使是當初創業時就進公司的元老級員工也一併解僱，全公司將近10%的人都被裁員。此後，財務報表上的固定成本明顯降低了，但特斯拉汽車公司的「家變」卻在網路上引起相當大的討論。

為了平定公司內部的混亂和公司外部的騷動，伊隆・馬斯克以董事會代表和董事長的身份，挺身支持CEO澤夫・德羅里，並做了一番反省：「去年，公司的資金週轉率呈現完全無法掌控的狀態。」他同時還發表聲明強調此一決定的正確性：「董事會為了解決問題，做出的妥善決策就是刷新主管級人員。」

在Roadstar的開發現場，已準備開始更換新的動力傳動裝置，

但是從開始更換到完成預計得花上好幾個月。大家終於漸漸明白，無論澤夫‧德羅里的能力再神通廣大，要將已經蛇形的特斯拉公司拉回正確跑道，並非一蹴可幾。

人往往是期待愈大，反彈也愈大。因此而加油添醋，也是很稀鬆平常的事。

「特斯拉公司的資金週轉沒有問題，請大家不必擔心！」伊隆‧馬斯克用盡他樂天派的天性，努力想平息市場上對特斯拉公司的疑慮，卻反而引起更多質疑。接著他又理直氣壯地說：「就算所有投資者都捨棄特斯拉，我也會一個人撐下來。」這句話震撼了全世界。

試問有哪個經營者敢說得那麼絕對？他挑戰的可是整個美國的汽車產業。絕不放棄的伊隆‧馬斯克，其人生態度就是如此堅決。

特斯拉汽車會倒閉嗎？

2008年，在美國發生金融次貸危機，引發雷曼兄弟破產的衝擊。全球經濟蕭條，導致各行各業陷入無法掌控的局面。

特斯拉汽車公司開發的Roadstar激發出眾多好萊塢明星的購買慾，也早就接下1,200台的預購訂單。但我想大部份的人都有這樣的經驗，看了電影預告覺得很不錯，去電影院看完整部片後

卻反而覺得很失望。

Roadstar的預告確實很完美，但交貨日期卻一延再延。到了2007年秋季的出貨預定日卻沒交貨，直到2008年2月才總算交出第一台車。預購者早已付了5,000到60,000美元不等的預付款，Roadstar的難產讓所有客戶心裡忐忑不安，而外界也紛紛謠傳「特斯拉汽車不保了」、「特斯拉汽車快倒閉了」。無謂的猜測就像真的一樣，鬧的滿城風雨。

這一年2月，伊隆・馬斯克又進行了第五回合的集資活動，這次募集到4,000萬美元投資特斯拉汽車，事實證明他的影響力依舊神通廣大。

但實際上，伊隆・馬斯克就像是走在鋼索上。直到後來，他才說出當時內心的苦悶：「在GM和克萊斯勒都面臨倒閉危機時，新成立的電動汽車廠要集資談何容易啊。」

全美都籠罩在雷曼兄弟破產的危機中，如果特斯拉汽車也在這個時候倒閉，那些汽車預付款該怎麼辦？自從創辦人馬汀・埃貝哈特辭去CEO職位之後，特斯拉公司就陷入一片混亂，而SpaceX的問題也迫在眉梢。

有二就有三——「獵鷹1號」再次發射失敗

SpaceX開發的「獵鷹1號」，好幾次都是站在發射台準備發射之前發現問題；之後即使發射出去了，也在抵達太空軌道前就墜落。

但SpaceX還是不氣餒地準備第三次挑戰，要把太空船送往太空軌道。此時SpaceX的技術人員承受著極大的壓力及焦躁不安的情緒，同時也盡最大的努力改良火箭。

這次改良的重點是梅林引擎（Merlin engine）。原先「獵鷹1號」用的都是梅林引擎1A型，在火箭尾端呈裙狀的排氣噴嘴，是燃燒燃料後進行高速噴射的地方，也是提供火箭噴射力最重要的部位。火箭在燃燒燃料時溫度高達幾千度，火箭專家們無不絞盡腦汁想開發耐高溫的噴嘴和燃燒室，而有「火箭之父」之稱的德裔專家華納‧馮‧布朗（Wernher von Braun）也開發出史上第一個彈道飛彈V2。

伊隆‧馬斯克最初開發使用的梅林引擎1A型，是屬於拋棄型消融冷卻方式，以不易導熱的碳素纖維複合材質做噴嘴。但第三次的「獵鷹1號」，他決定改用搭載再生冷卻式的梅林引擎1C型。

梅林引擎1C的設計結構，是將一部份的發射燃料流入噴嘴和燃燒室周圍的細管進行冷卻，然後再將燃料送至燃料室進行高溫

燃燒，以產生強大的噴射力。

距離上次發射失敗已經過了一年半，2008年8月2日搭載 Trailblazer衛星 的「獵鷹1號」3號機，再次從南太平洋的瓜加林島上轟隆隆地發射了。

SpaceX工廠內的梅林引擎

這次在第一節火箭採用的是梅林引擎1C型，從點火到燃燒都很正常，也順利地飛上去了。但才飛出去沒一下子，火箭的第一節和第二節分離時又失敗了；應該說，這次兩節火箭分離的非常漂亮，但第一節仍殘留一些燃料，所以第一節火箭又加速衝撞到第二節火箭。這個慘狀就好比田徑比賽中的大隊接力比賽，交棒時傳棒人竟從後方迅速衝撞接棒人。

這世上如果有成功法則，那就是「不被失敗打倒」，稍微有點挫折就一蹶不振的人無論如何都找不到成功的路。有人曾說過「在矽谷已經立了不少失敗的墓碑」，但伊隆‧馬斯克現在就走進失敗的墳墓還嫌太早。

伊隆‧馬斯克自評：「搭載新型梅林引擎1C的第一節火箭飛得真是太棒了。」然後他又自吹自擂地說：「第二節火箭分離的很順利，火箭引擎的點火也實在是太成功了。」沒錯！這時候不老王賣瓜自賣自誇一下，誰都不會給他們任何掌聲。他還要再為自己加分一下：「整流罩的分離也很正常。」整流罩是位於火箭最頂端，運送衛星到太空的收納「殼」，飛行在大氣層中時，也有保護震動和摩擦生熱的功能。

此時的伊隆‧馬斯克應該在想，一開始就知道發射火箭沒那麼容易，但萬萬沒想到這條路就像佈滿荊棘的小道般，寸步難行。

婚姻危機

「獵鷹1號」發射第三次又失敗時，伊隆‧馬斯克面臨了人生最大的挑戰。

特斯拉的Roadstar無法出貨，導致工廠一片混亂；SpaceX的火箭發射又一而再、再而三地失敗。面對這樣的情況，伊隆‧馬斯克和家人相處的時間愈來愈少，和妻子賈斯汀的關係逐漸惡化，於是家庭也出現了危機。

伊隆‧馬斯克和前妻賈斯汀‧維爾森（Justine Wilson）是在他19歲那年，還在皇后大學就讀時認識的。賈斯汀出生於加拿大東岸安大略州（Ontario），比伊隆‧馬斯克小一歲，夢想是當個小說家。

有一天，伊隆‧馬斯克站在皇后大學的學生宿舍樓梯口看到正在上樓的賈斯汀，他決定開口跟她搭訕。這就是兩人故事的開端。

伊隆‧馬斯克開口邀約：「要不要一起去吃冰淇淋？」賈斯汀正等著上西班牙文課，根本沒搭理他。究竟賈斯汀喜歡什麼樣的男生呢？

伊隆‧馬斯克自己想像，賈斯汀應該是個極端浪漫主義者，最

好像羅密歐一樣，在女生宿舍窗外停下摩托車，穿著深褐色皮夾克，看著窗後若隱若現的賈斯汀，呼喊她的名字。

伊隆・馬斯克這就大錯特錯了。賈斯汀喜歡的，其實是行為舉止端正，科學家型的人。

賈斯汀沒有馬上理會伊隆・馬斯克，卻也沒有拒絕。某天，伊隆・馬斯克又看見沈醉在西班牙文書本裡的賈斯汀，他刻意接近她，在她旁邊咳了幾聲。當賈斯汀抬起頭時，伊隆・馬斯克傻笑著把手上的冰淇淋拿給她。那時，冰淇淋早就溶化了。

賈斯汀曾經這麼形容伊隆・馬斯克：「他是個絕對不接受別人說『不』的人」。伊隆・馬斯克就是一個堅持信念到最後的人，不只是戀愛，就連工作也是一樣。但當時的賈斯汀並沒有看出伊隆・馬斯克日後竟然有那麼大的潛力。

一心想成為小說家的賈斯汀，在某天走進書店，手指著書架上的書說：「有一天我寫的書會放在這裡。」一起逛書店的女性朋友們，笑一笑就離開了。

伊隆・馬斯克卻被她的堅持深深吸引。讓賈斯汀訝異的是，以往交往的男朋友都只會抱怨她太好強，但「竟然有人會欣賞我的野心，而不是長髮或細腰。」伊隆・馬斯克曾對賈斯汀說：「在妳身上，我仿佛看到了我自己。」兩人的性格竟是如此相像。

他們在2000年結婚。在全球最大拍賣網站eBay收購PayPal的2002年,兩人移民到洛杉磯,也有了第一個小孩。但很遺憾的是,這個孩子在10個月大時就因為嬰兒猝死症離開人世。這件事對兩人的打擊很大,尤其是賈斯汀,有好長一段時間都有精神創傷。

事業或家庭的抉擇

過了一陣子,賈斯汀又有機會當母親,這次順利誕生的是一對雙胞胎男孩。雙胞胎才出生沒多久,又檢查出賈斯汀懷了三胞胎,且全都是健康的小男孩。賈斯汀不但是五個小男孩的母親,同時她也完成了三本小說,順利出版。

丈夫是億萬富翁,賈斯汀應該坐擁所有女人都羨慕不已的優渥生活,但他們的生活卻在外人看不見的地方開始出現裂痕。

伊隆‧馬斯克身負數百名員工及其家人的命運,要處理的問題也堆積如山。他就像是被工作附身了,即使回到家也心繫公事,賈斯汀有很長一段時間感受不到他的心。她的心裡充滿愛,一直希望能和丈夫有心靈上的對話,卻總是得不到滿足。兩人關係惡化的程度,已到了無法修補的地步。

特斯拉的Roadstar遲遲無法交貨,SpaceX開發的「獵鷹1號」火箭發射也接連失敗,和妻子賈斯汀的關係同樣也到了決裂的狀

態。如果三件事都想得到，最後有可能什麼都得不到。

強韌耐力異於常人的伊隆‧馬斯克，此時會選擇放掉一團亂的特斯拉汽車？或是放棄一路荊棘的火箭開發？一般人應該會想辦法修補與妻子的關係。但伊隆‧馬斯克沒有放棄電動車的挑戰，也沒有放棄火箭開發，他的選擇是——和賈斯汀離婚。

銀行帳戶見底

到了2008年9月，特斯拉公司只交了27台Roadstar。同年10月，「特斯拉在銀行的現金存款僅剩900萬美元」這消息不慎走漏，引起媒體關注。生產一台10萬美元高級車的公司，竟然只剩下這些現金存款，外界一定會認為特斯拉公司沒戲唱了。

但伊隆‧馬斯克此時卻誇下海口表示：「我擔保所有特斯拉的交貨和預收款。」此時雖然伊隆‧馬斯克已經接任特斯拉的CEO，但在美國也不可能讓公司負責人承擔公司的所有負債。GM破產時，也沒聽說當時的CEO李察‧瓦格納（Richard Wagoner）背下所有負債。伊隆‧馬斯克竟然又再次破壞了常規。

永不放棄！

上天總算眷顧了這個不畏懼失敗，勇於挑戰的男人。伊隆‧馬斯克的好日子總算來臨了。

SpaceX的每位技術人員用盡所有力氣在險坡上攀登，儘管坡陡、路彎又複雜，大家還是想盡辦法解決每一個問題。2008年9月28日，裝滿燃料的「獵鷹1號」再次雄赳赳氣昂昂地站上南太平洋歐姆雷克島上隆納‧雷根防禦飛彈測試場的發射台。

上午11點15分，發射時間到了，「獵鷹1號」轟隆隆地飛出去，使勁地往藍天白雲的方向飛上去了。發射後大約2分40秒時，第一節火箭順利分離。大約3分12秒時，整流罩也順利分離。在發射大約10分鐘後，成功抵達預定的軌道。

「今天是我人生最棒的一天！」伊隆‧馬斯克語重心長地說了這句話。

六年前創辦的太空火箭開發公司SpaceX，今天總算成功地將火箭發射出去了。「大家既開心又興奮，我們總算證明自己一直以來的堅持是對的。」說完大家又興奮地跳了起來。

至今花費的開發成本和實驗費，再加上三次發射失敗的費用，合計起來竟高達一億美元。伊隆‧馬斯克由衷地感謝每一個人，並對SpaceX全體員工說：「恭喜大家！能有今天的成功，要多虧大家的努力不懈。」

伊隆‧馬斯克遠離了倒楣的2008年，邁向新的2009年。在新的一年4月，順利完成出貨320台Roadstar電動車。

The
Ambition
of
Elon Musk

CHAPTER
3

前進──發明未來

Roadstar的衝擊

伊隆‧馬斯克帶領的特斯拉汽車公司，千辛萬苦堅持到最後完成的高級電動車Roadstar究竟是一台什麼樣的車呢？

雙門、敞篷、飽滿的流線型、車身極低仿佛像是被地表吸住，對Roadstar的第一印象就是一輛帥氣的跑車。伊隆‧馬斯克對設計很堅持，這就是他自信滿滿送出廠的車。

Roadstar無庸置疑是一台百分百的電動車，沒有廢氣排放，在美國一台要價109,000美元。一開放預購，名人們就爭相登記搶購，也因此變成媒體炒作的話題。伊隆‧馬斯克要做的電動車是眾人熱切渴望的，擁有的人很驕傲、沒有的人很羨慕，而

Roadstar正符合這些條件。

伊隆‧馬斯克對外表示：「我們的電動車，定位不是環保車，而是頂級轎車。」

車身長3946mm×寬1851mm×高1126mm，在車身中央裝置的動力馬達是採用的是空冷式三相四極交流馬達，後輪傳動設計，最大輸出馬力288kW，最大轉矩370N-m（牛頓-米），擁有的高性能規格並不亞於一台4,000 cc的汽油車。

Roadstar

Roadstar搭載的是輕量小型的三相四極交流馬達，為了達到要求的強度和輕度，更採用飛機專用的鋁合金材質。軸承的部份則採用陶瓷來提高高速回轉時的耐磨性和耐久性。因為流入電氣馬達固定片的高壓電流至少900A，因此特斯拉公司使用比一般馬達更多的銅卷線，並以特斯拉公司獨特的捲法提高動力和性能。此外，在鋁製的旋轉輪用了抵抗值低且能注入高電流的銅線，加強了14,000 rpm高速運轉效率。

Roadstar內部配置

By Tesla Motors Inc., via Wikimedia Commons

特斯拉汽車的公司名稱，源於19世紀發明家尼古拉‧特斯拉（Nikola Tesla）。這位發明家於1856年出生於澳大利亞，是全球第一個發明實用性交流電感應馬達的人，他曾在愛迪生（Thomas Edison）的引擎電燈公司擔任助理，也發明了二相交流馬達和三相交流馬達。但因特斯拉主張使用交流電，而愛迪生主張直流電，兩人的意見產生很大的分歧；因此特斯拉只在引擎電燈公司工作了三年就離職。此後，西電公司（Westinghouse Electric Company）以超高額的專利費20萬美元（另有一說是100萬美元）買斷了尼古拉‧特斯拉的交流電專利。眾所周知，如今全球使用的配電系統都是來自尼古拉‧特斯拉發明的交流電系統。

比保時捷更快

在Roadstar的駕駛座後方裝置了由6,831個鋰離子電池組成的蓄電組和動力傳動輪，整台車的重心都在後面。車身雖重達1,235公斤，但最快時速可達到每小時201公里，0-97 km/h加速只需3.7秒，另外0-400m加速僅需12.6秒，速度驚人。

那麼，保時捷的新款911 Carrera S和特斯拉的Roadstar，哪一款拔得頭籌呢？有愈來愈多人在討論這個話題。保時捷911在水平方向裝置了六個石油引擎，排氣量3,800cc，最大輸出馬力385kW ，比Roadstar多了將近100 。

汽車媒體Speed實施了特斯拉Roadstar與保時捷911的夢想大對決，比賽的過程同時公開在網路上，供車迷們瘋狂點閱。0-400m直線加速賽的對決，結果Roadstar一舉獲勝，從踩下油門的瞬間就發揮最大轉矩，起跑時的漂亮出擊眾人都有目共睹。再加上一次充電可以跑394公里，這個距離更是打破了電動車業界的水準。

伊隆‧馬斯克在開發Roadstar時，最堅持的就是0-97km/h僅需3.7秒這個卓越速度。以一台電動車而言，這個加速速度非常驚人。10萬美元對一般人而言不是個小數目，但伊隆‧馬斯克相信Roadstar的性能可以讓人感覺物超所值，因此他才會在失敗和挫折中不斷地一試再試。

然而，Roadstar之所以重達1,235公斤的原因在於蓄電組。Roadstar的蓄電組搭載了6,831顆個人電腦用的18650規格鋰離子電池。特斯拉公司並沒有特別開發汽車專用的大型蓄電池，而是採用早已量產的通用蓄電池。但其它公司就不是這麼做，例如三菱汽車的MiEV和日產汽車的LEAF，都開發了汽車專用的大型蓄電池，因此其它公司都認為特斯拉公司的做法及設計思維十分古怪。

起初有很多汽車專家反對在汽車上使用大量的通用蓄電池裝置，但伊隆‧馬斯克堅持要挑戰。光只是空想而一步都不敢跨出去的話，二氧化碳只會不斷地排放、地球環境只會不斷地惡化，要拯救地球談何容易。

伊隆・馬斯克所表現的，是一種先鋒者的精神：「特斯拉公司的使命是在黑暗中照亮大家，所以我們才會比別人早了五到十年，開始導入電動車。」

他還說：「電動車愈早普及，就愈能減少廢氣排放，這是我們人類延長生命的關鍵時刻。」還有一點必須說明，對伊隆・馬斯克而言，開發電動車是拯救地球的「方法」，而不是「目的」。

Roadstar的超高速關鍵──電池

沒有高性能的電池就無法實現Roadstar的超快速度。既然提到了電池技術的發展，就和許多日本人脫離不了關係。

電池的發展起源於義大利科學家亞歷山卓・伏特（Alessandro Volta）在1800年發明的伏特電池。之後，1868年法國人喬治・勒蘭社（Georges Leclanché）又發明了碳鋅電池，原理是將高傳導性的鹽化氨鹽基水溶液作為電解液，其正極把二氧化錳和碳素的混合物包在多孔的容器內，負極則插入亞鉛棒變成電池。由於碳鋅電池用的是液體，使用時易碎且電解液容易外漏。最大的問題是，在冬天冰天雪地時，一旦電解液結冰了就無法使用了。

解決這個問題的是日本人──越後長岡藩武士的兒子屋井先

藏。他雖然是貧窮的市井小民，卻是領先世界的「乾電池」的發明家。

不同於液態型的碳鋅電池，屋井先藏發明的電池因為是乾的，故取名為乾電池。然而屋井先藏實在太窮，窮到連申請專利的錢都沒有，才沒能抓住「史上第一」的稱號。但乾電池產業終究還是在日本發揚光大，接任屋井先藏的，算是松下電器（今國際牌家電）創辦人松下幸之助。松下電器自開始生產乾電池至今已有八十年，累計共生產超過1,500億個，從全球乾電池的年使用量來看，年平均使用量更超過400億個。

然而像Roadstar電動車和行動電話用的二次電池（充電之後可重複使用）是在1859年由法國人噶斯頓‧普蘭特（Gaston Planté）發明的。1897年日本島津製作所第二代島津源藏開始生產蓄電池。

此後直到1960年代，日本企業成為先驅，開始建立二次電池的歷史，三洋電機、松下電器及其它企業著手量產鎳鎘電池，甚至進化到生產鎳氫電池。到了1990年代，結合旭化成公司和SONY等日本技術人員的智慧和堅持，超越鎳氫電池的鋰離子電池正式登場，鋰離子電池被廣泛應用在個人電腦等行動裝置上。

鋰離子電池是把鋰鈷氧化物等主要物質塗在正極超薄的金屬箔上，再把碳素等物質塗在負極的薄金屬箔上，正極和負極中間

夾著一張絕緣間隔板，接著再將這三張捲成一個既定的尺寸插入外殼後注入電解液，組裝後就是鋰離子電池了。在電解液中利用鋰離子的移動進行充電、放電，這就是鋰離子電池的原理。

鋰離子電池比鎳氫電池擁有更高的能源密度，因自動放電而降低電力的情況微乎其微。

而鎳鎘電池或鎳氫電池若在電池電量沒用完時就重複充電——也就是所謂的追加充電——起用電力就會變小，也會產生「記憶效應」。但鋰離子電池不太會發生記憶效應，因此更適合用在必須追加充電的電動車上。

但鋰離子電池也有容易過度充電或過度放電的缺點。為此，特斯拉公司的技術人員用盡心思在回路保護等設計上下了不少功夫，才完成了Roadstar的設計。

電動車的效能是汽油車的兩倍

在美國，大部份的電力由燃燒煤炭或石油等化石燃料而來，因此有人會問：「開發電動車終究還是沒有解決能源問題啊！」

伊隆·馬斯克針對這個採訪做了以下回答：「發電廠燃燒化石燃料所產生的電力用在電動車上，其效能仍然比汽油車來的高。」

舉例來說，燃燒化石燃料以火力發電的效能大約60％。

而同樣的化石燃料，如果換成駕駛汽油車直接燃燒石油的話，效能大約只有25-30％，而且行走在街道上需要的最大輸出馬力只有一成不到，效能降到只有15％。換句話說，汽油車的排放大約有八成是熱損耗，佔居最大；其次是冷卻損耗，再來是機械損耗。如果說汽油車根本是無端浪費能源及加速排放的始作俑者，真是一點都不為過。

但不需要太驚訝，類似的情形在我們生活週遭處處可見。例如使用白熱燈泡時，有八成以上的效能是浪費在熱氣和紅外線上，形成的光線大約只有一成左右。如何有效使用能源？活在21世紀的我們應該要認真思考並尋求解決之道。

再回到電動車的話題。電動車也會有損耗，從發電廠送電到各地充電站時會產生送電損耗；充電時也會有充電損耗，但那些損耗只不過5-10％而已。而電動車的效能非常地高，馬達動力是電磁作用所以不會有熱力學的制約，定格負荷時的效能大約有95％，變頻器迴路損耗的發生率也是微乎其微。

伊隆·馬斯克強調：「就算考慮送電損耗，結果還是發電廠燃燒化石燃料後充電到電動車的使用效能比較高，大約是汽油車的兩倍。」他試圖糾正人們錯誤的觀念。

破天荒的蓄電池搭載量

裝載在特斯拉Roadstar的鋰離子電池蓄電組究竟是什麼樣的結構呢？

首先，將69個直徑18mm×長度65mm（由此命名為18650規格），足足比三號乾電池大一圈的圓筒型蓄電池，並列連結成一個長形的「四方塊」。其次，將9個四方塊以直列的方式連結成一片「平板」。最後，再將11片平板連結組成蓄電池組。

就這樣將6,831個鋰離子電池組成蓄電池組，控制系統的設計理念是，萬一其中一、兩個電池發生異常，也不會影響整體運作。此外，通常蓄電池在使用時會發熱，在低溫時電池性能又會降低，因此鋰離子電池在每個電池中加上水冷式溫度微控管器。且為了提升電池運作效率，還特別選用圓筒形電池，而不是四角柱型電池。

特斯拉公司為何會選用個人電腦用的蓄電池呢？因為蓄電池的總重量約為450公斤，供電量約56千瓦小時。由於個人電腦用的蓄電池早已量產一陣子了，市場上的供應系統十分完整，價格便宜，品質也穩定。

特斯拉公司的核心技術是，將這些普通又便宜的蓄電池集合成一個強力又穩定的大容量蓄電池組。並且在蓄電池的設計裡，也包含了當衝撞事故發生時電流自動斷電的系統。

伊隆・馬斯克經常說：「重要的部份，由公司內部自行生產製造，絕不委託外面代工。」六千多個鋰離子電池如何不分散、如何在突然踩油門時穩定供電、為了達成「起步時的舒適感」，特斯拉公司特別在蓄電池組和三相交流電氣馬達的結合下了許多工夫。特斯拉公司的工程師們正確掌握到電動車的要點，完成了最重要的產品差異化。

有如雲霄飛車的乘坐感

插入鑰匙一轉、加速器一踩，引擎聲就轟隆隆地響──這些開車「儀式」都過氣了。Roadstar和一般的汽油車很不一樣。

坐上Roadstar的駕駛座，轉動鑰匙馬上就有鈴聲告訴你「準備就緒」。再將目光移到中央控制台，少了手動排桿，取而代之的是多了幾個大按鍵。

按一下「D」鍵，顯示燈從橘色轉為綠色，接著只要踩加速器，車子就會啟動。讓人驚訝的是，起步非常地低速、聲音非常地小。由於是單速齒輪傳動裝置，愈踩加速器速度就像弓箭一樣愈來愈快，感覺就像在坐雲霄飛車一樣。

約450公斤重的蓄電池裝置在駕駛座後方車身最低的位置，重量分配的比例約42:58，重心在車子後方。一般來說，重心在後的車子要加速大轉彎時，重力加速度會把車尾給甩出去，更別說

車身本身就那麼重。

但是特斯拉的Roadstar，以一般車速在一般道路大轉彎時，車尾並沒有甩出去。專門開發賽車的Lotus汽車發揮了最大的技術，完成行車的穩定性。伊隆‧馬斯克就像個孩子在炫耀玩具似的，他說：「試坐一下讓人覺得很驚訝，就好像人車合為一體的感覺，不論是加速還是轉彎，那一瞬間就好像有超能力一樣。」

行駛間的極致靜謐──聽見林間的鳥鳴聲

自孩提時代就是書迷，經常沈迷在科幻小說的伊隆‧馬斯克上了大學之後經常在想：「在未來的世界，影響人類最大的問題是什麼？」他得到的答案是：「這個世界最需要的是永續運輸和永續能源。」當時，在他腦裡對未來的藍圖是「以後在地表上行走的運輸工具全部都要電氣化」，因此才會有特斯拉公司生產製造電動車，也才會有Roadstar的問世。

特斯拉Roadstar的方向盤後面有兩個儀錶板，左邊顯示的是時速儀錶，右邊顯示的是電氣使用量和回收量，這就是以電氣驅動汽車的證據。

在時速儀錶內，另有一個表示馬達轉速的錶。因為Roadstar是單速齒輪傳動，馬達轉速就等於車速，這一點和石油引擎在本質上完全不同。

石油引擎和電氣馬達有什麼不同呢？

石油引擎首先點燃火星塞、燃燒石油、讓活塞反覆運作，因機械裝置的結構不同，這個反覆運作會改變轉動，透過驅動軸轉動輪胎使汽車前進、後退。這樣複雜且高難度的運作必須在高溫高壓下圓滑地進行，因此很多零件的尺寸精度都被高度要求。

此外，石油引擎必須有數千次轉動才能發揮最大轉矩，且發揮最大轉矩的轉動數範圍非常地小，需要使用多段傳動裝置。

另一方面，電動車從電氣馬達開始運轉時就能帶動轉矩轉動，踩下加速器的瞬間，馬達就開始全速轉動。用石油引擎倒退時需要倒車齒輪；若使用電氣馬達，只要使電流逆流即可，不需要倒車齒輪。

電動車的結構也比較簡單。轉動馬達就能轉動輪胎，汽車本身產生的震動非常地小，車子發出來的噪音相對銳減，當然更不會有廢氣和二氧化碳的排放。

還有一點很重要——煞車的原理也不一樣。汽油車使用石油引擎，下坡時常常需要用到引擎煞車。但電動車的電氣馬達則是用「再生制動器」煞車，當再生制動器動作時，電氣會回流到蓄電池內充電。

特斯拉公司開發的Roadstar不僅克服了原有電動車行駛距離太短的問題，更加強了電動車原有的優點，成功地打造了新型電動車的形象。

如果開著特斯拉Roadstar行走在森林裡，連鳥叫聲都能聽得見。這絕對是噪音滿天飛的汽油車無法體驗的新鮮感。Roadstar的開發期間比伊隆・馬斯克的預期多了兩倍，但一切都是值得的。

任何一家公司若想超越特斯拉Roadstar，勢必得下一番苦心和努力才行。

衝越黑暗的2008年

遠離黑暗的2008年，伊隆・馬斯克總算開始吹起順風。

2009年5月，特斯拉汽車公司成功地得到德國戴姆勒（Daimler）公司50億美元的投資。對資金周轉不靈、快喘不過氣的特斯拉公司而言，這真是一筆救命錢。而戴姆勒公司為什麼想投資一家新創企業呢？戴姆勒公司的發言人赫伯特・科勒（Herbert Kohler）明白地說：「特斯拉公司開發的電動車掀起了另一個世代的革命，這讓我們有投資的動力。」可見特斯拉開發的Roadstar不只是比保時捷更快，還加速掀動了整個電動車的世界。

此外，伊隆・馬斯克還得到美國政府的支助。同年6月，特斯拉公司得到美國能源局低利融資借款4.65億美元。其實早在布希政權時代，美國政府就開始進行以低利融資支助電動車、插電式雙動力汽車的國內生產。

到了歐巴馬政權，美國能源局更成立先端技術車輛製造（ATVM）計畫，在汽車產業總計投入了80億美元，並於2009年6月對外開放第一次融資。此時福特汽車以融資方式借到59億美元，日產汽車也借到了14億美元。當然，特斯拉也名列其中，多虧了伊隆・馬斯克和員工們在華盛頓的陳情活動，才順利獲得這筆融資金額。

之後，豐田（Toyota）汽車也投資特斯拉公司5,000萬美元，而擁有鋰離子電池最高市佔率的國際牌家電也投資了3,000萬美元。看來伊隆・馬斯克已經一掃2008年的霉運了。

其中幫助最大的莫過於美國政府ATVM計畫的資金。這對特斯拉汽車而言不只是大筆鈔票而已，政府的加持更是最強而有力的擁護。市場上對特斯拉汽車的期待，也超乎想像地愈來愈高漲了。

但並不是所有人都對特斯拉汽車抱持善意。在這個世上一旦有新東西出現時，有人會樂見其成，也一定會有人酸葡萄心理地冷淡批評。特斯拉Roadstar寫下汽車產業的新歷史，有人對他

們獻上喝采聲，卻有媒體惡意地貶低。

沒電的高級電動車

英國廣播公司（BBC）的《頂級跑車秀》（*Top Gear*）自1977年開始播放，是個專門報導汽車資訊的知名節目。他們猛烈地攻擊伊隆·馬斯克和Roadstar電動車的內容，引起了兩面評價。

在節目一開始，所有的鎂光燈照在白色Roadstar車身的每個部位，好帥！背景音樂更是牽動所有聽眾的期待！

再把鏡頭轉到賽車場地，白色的Roadstar和黃色的Lotus Elise並排在一起，一對一的汽車加速賽就要開始。Roadstar是依照Lotus Elise的車身設計開發的電動車，比較這兩部車正好合適。駕駛Roadstar的是節目主持人傑瑞米·克拉克森（Jeremy Charles），是個發福的中年男子。

出發的旗子一揮下的瞬間，白色的Roadstar和黃色的Lotus Elise同時加速前進。才一眨眼的時間，Roadstar已經甩掉Lotus Elise向前衝了。超乎想像的速度，連駕駛的主持人都嚇到了，他不停地讚美Roadstar的車速有多快、多猛。

但節目進行到一半，氣氛有點變調。話題被轉到轉彎技術上，本身就很重的Roadstar在高速行駛大轉彎處時，離心力將車身

甩出去的樣子全都被拍下來了。這不是一般行駛，而是高速又有急轉彎的車賽，就在此時，後方緊追不捨的黃色Lotus Elise在轉彎處呼嘯而過了。

但是回到直線行駛路段時，Roadstar又迎頭趕上了Lotus Elise，駕駛的主持人對Lotus Elise說了一聲「再見！」就又甩掉它了。針對直線加速的高速感，主持人不斷讚美著：「從今以後就是電動車的時代！」

到了節目的後半段，雲的走向變的很奇怪。賽車場的天氣一開始就像英國一樣陰陽怪氣，眼看著就要下雨了。

一直順利前進的Roadstar，速度卻愈來愈慢，最後竟然停下來了。此時的背景音樂變成悲慘可憐的調調，徒增失敗的感覺。

接下來就是四個看起來像白痴的大男人，推著沒電的Roadstar進入工廠的畫面。一聽到充電所需的時間，主持人臉上露出失望的表情，他半開玩笑地說：「汽油沒了只要兩、三分鐘就可以加滿，充電竟然要16個小時。看來從這裡到蘇格蘭得花三天的時間了。」這件事變成節目的笑柄，接著他們試圖沿著電纜線找出「電從哪裡來」。怪的是，他們竟然走到空中噴出蒸氣的原子發電廠。

接下來的畫面是，在美麗的田園風景中，有一架大型風力發電機和一台Roadstar，而駕駛Roadstar的主持人也站在一旁。沒

有風,所以風力發電機完全靜止了,這個完美的演出更顯現出 Roadstar沒電時的無力感。

節目的尾聲就是正在行駛的Roadstar速度愈來愈慢,而攝影的 畫面愈拉愈遠,Roadstar就這樣漸漸地從畫面中淡出了。

把未來放進手心

是緊緊捉住現在、貶低未來,或者擺脫現在、放眼未來,看事 情的角度因人而異。舉例來說,蘋果的賈伯斯推出麥金塔電腦 時,大家還不習慣用滑鼠操作螢幕上的游標,當時媒體也曾大 肆批評「這樣太傷害眼睛,這東西根本不能用。」如果當時媒 體的主張是對的,現在歷史上就不該存在電腦了。

汽油車剛問世時也一樣,啟動引擎時需要有人轉動曲軸,換齒 輪也不簡單,當時更是沒幾家加油站。馬車是那個時代主要的 運輸工具,根本沒有人在意不好用又會排放廢氣的汽油車。但 終究還是到了汽車的世代。

BBC的《頂級跑車秀》已經完全激怒了伊隆‧馬斯克。他批 評《頂級跑車秀》是詐騙集團,還嘲笑該節目的內容根本就像 「米利瓦尼利」(Milli Vanilli)的演唱會。米利瓦尼利是1990 年獲頒葛萊美獎的雙人樂團,之後因被爆出後台代唱的醜聞, 獲頒的獎項遭撤回,兩人也隨著這個醜聞淡出了。

伊隆・馬斯克並沒有容忍這個捏造謊言，嘲笑特斯拉和Roadstar的BBC節目。

伊隆・馬斯克將電動車普及化當做自己的使命，他架設了一個專屬網頁要平反被誣衊的事，以抗議BBC的節目內容，試圖喚起世人的討論。此後，他在英國對這個世上最被信賴的媒體節目提出控告，並和BBC連打了三次官司。

The
Ambition
of
Elon Musk

CHAPTER
4

信念──通往宇宙之道

走出網路的世界

相信讀者看到這裡，已經知道伊隆‧馬斯克因創辦線上讀物出版軟體開發公司Zip2和線上付費機制公司PayPal，在矽谷功成名就的創舉。但大家是否聽過「PayPal黑手黨」（PayPal Mafia）呢？這是指曾任職於PayPal的人，大部份都在各個領域有一番成就。

舉例來說，PayPal的創辦人之一馬克斯‧雷夫欽，成立了社群網路服務（SNS）公司Slide Inc.，之後以1.82億美元賣給了Google；此外，他還參與了線上社群網路預覽服務公司Yelp Inc.的創業。

另一位彼得‧帝爾也在離開PayPal之後成立了投機性投資機構克萊瑞姆資本管理公司（Clarium Capital Management）；並且在馬克‧祖克柏創辦臉書的初期，就出資支援馬克‧祖克柏的創業。

其他還有大衛‧塞克斯（David Sacks）成立了SNS公司Yammer；瑞德‧霍夫曼（Reid Hoffman）也與其他夥伴共同成立了SNS公司LinkedIn；陳士駿（Steve Chen）和查德‧赫爾利（Chad Hurley）一起製作了YouTube；另外，傑瑞米‧斯托普爾曼（Jeremy Stoppelman）也是SNS公司Yelp Inc.的共同創辦人之一。

這些PayPal的畢業生都在世界的某個角落各自擁有一片天。然而這些人奮鬥的戰場，都沒有跳脫網路的虛擬世界。

在這一群PayPal黑手黨中，唯一走出網路世界，開發太空火箭和電動車，選擇在「真實」世界裡闖蕩的，就只有伊隆‧馬斯克。

直上雲霄的「獵鷹9號」

2010年12月8日，搭載著伊隆‧馬斯克的野心和夢想，全長54公尺，相當於17層樓高的火箭「獵鷹9號」，站上佛羅里達州的卡納維爾角（Cape Canaveral）空軍基地發射台，伴隨著轟隆隆的聲音，聲勢浩大地飛上蔚藍的天空。

伊隆・馬斯克放棄在網路界的成就，成立了SpaceX，回想起「獵鷹1號」試射的一再失敗，就像是做了一場惡夢似的。這次「獵鷹9號」的發射會如此順利，是因為從「獵鷹1號」的失敗中學到的火箭技術，都運用在這次的發射了。

「獵鷹9號」的重量超過330噸，屬於兩節式火箭，在第一節火箭注入的燃料是以石油提煉而成的煤油，9座已注入液態氧的梅林引擎捆綁在一起，可產生強而有力的噴射力。火箭發射出去的那一瞬間，伊隆・馬斯克既興奮，同時也回想起一路以來辛苦奮鬥的日子。

儘管伊隆・馬斯克在製作「獵鷹9號」時成本已經非常低，但還是耗資了5,000萬美元。也就是說，如果這次的發射失敗了，數十秒內這5,000萬美元也就不翼而飛了。如此高風險的生意，在網路世界裡根本無法想像。

SpaceX成立至今已經八年，就連佛羅里達州卡納維爾角上的這片藍天都在為伊隆・馬斯克祝福。「獵鷹9號」就這樣使勁地直上雲霄了。

火箭的速度要達到秒速8公里才能搭上地球軌道，換算成時速的話就是29,000公里。具有5,000 kN 噴射力的「獵鷹9號」，奮力地甩掉地球引力衝破大氣層，成功地將搭載的太空船「飛龍號」送上地球軌道。沒錯，這是由私人企業發射成功的第一架

2010年12月8日直上雲霄的「獵鷹9號」，頂端是「飛龍號」太空船

Photo credit: NASA/Tony Gray and Kevin O'Connell [Public domain], via Wikimedia Commons

太空船。

宇宙開發史的新頁——「飛龍號」太空船

「飛龍號」是如何命名的呢？來自美國的合唱團「彼得、保羅和瑪麗」（Peter, Paul and Mary）在1960年代的成名曲《魔法龍——泡芙》（Puff, the Magic Dragon）。這首歌描述一隻住在海邊長生不老的魔法龍「泡芙」和好友傑基的故事。小男孩傑基和魔法龍經常開著船航向大海四處探險，不久後傑基長大了，他離開冒險的世界，也離開了魔法龍。這首歌感嘆，人一旦長大就會忘了當時冒險的精神。

可是從小就愛看科幻小說的伊隆・馬斯克，從來不曾忘記冒險的精神。他正是懷抱著這樣的精神，打開了開發火箭的大門。

2002年，伊隆・馬斯克成立SpaceX，開始參與太空火箭開發事業時，有多少火箭開發專家及航太評論家都直言不可能，抹煞了伊隆・馬斯克的冒險精神。但是對伊隆・馬斯克來說，這是一場向太空的挑戰，也是一場向那些說著不可能的專家的宣戰。因此他才會以這首歌的主角「龍」作為太空船的命名。

伊隆・馬斯克沒有魔法，但他用高科技完成了太空船「飛龍號」，也按照預定計畫搭上了地球軌道。但此時此刻，他還放不下心。

接下來太空船「飛龍號」要繞著地球軌道轉,接著順利脫離地球軌道,噴射後衝入大氣層,之後再安全回到太平洋海面。整個過程都完成才算成功。如果無法堅持到最後一個步驟,那麼無數的辛苦日子都將成為水中泡影。

這艘寄托著伊隆‧馬斯克心願的太空船「飛龍號」呈圓錐形,直徑約4公尺,以時速27,000公里的速度繞著地球不停地轉。在火箭發射前,SpaceX故弄玄虛地對外表示:「飛龍號太空船載了一個很特別的東西。」究竟是什麼東西?當然是個秘密!所有媒體都十分好奇,等著看飛龍號載的究竟是什麼東西。

地球直徑約12,700公里,載著不明物體的「飛龍號」以每小時1,700公里的速度,環繞自轉中的地球兩圈後衝進大氣層。「飛龍號」承受了1,000度以上的高溫,優雅地在太平洋海域上空開啟降落傘,安全降落。直到這一刻,伊隆‧馬斯克才總算放下心。

NASA的負責人艾倫‧林登莫耶(Alan Lindenmoyer)讚美道:「太棒了!真是一場驚人的完美演出。」而伊隆‧馬斯克自己也開心地說:「這比我想像的還要厲害。」

飛龍號安全抵達太平洋海面後,伊隆‧馬斯克在記者會上向媒體公布:「飛龍號上載的是圓形的『起司』。」什麼?竟然是起司?

這是個向英國BBC人氣喜劇節目《蒙提・派森的飛行馬戲團》（*Monty Python's Flying Circus*）致意的小玩笑。「起司」是該節目中的其中一個單元。《蒙提・派森的飛行馬戲團》自1969年開播，主要節目內容是討論宗教和性別歧視等諷刺的社

「飛龍號」太空船

會問題，激烈的節目內容震撼全球。然而，其中一個單元「起司」，因為起司店老闆和客人的荒謬對話，十分受到歡迎。

SpaceX怎麼說都是矽谷作風的新創公司，和嚴肅的NASA大不相同。這樣的反差就像在嚴肅的火箭開發世界裡，新創公司以詼諧幽默的玩笑話來抒發達成目標的喜悅，這也代表新時代已經來臨。

新創企業SpaceX成功發射了火箭「獵鷹9號」，再加上太空船「飛龍號」也安全返回地球，以一家私人企業來說，是史無前例的創舉。新聞很快就在全球迅速傳播，伊隆‧馬斯克在宇宙開發的歷史上，寫下了嶄新的一頁。

美蘇冷戰與火箭競爭

SpaceX以一家私人企業之姿，能夠成功地使搭載太空船的火箭在地球軌道環繞，並安全返回地球，這都要歸功於NASA的果斷決策。

「阿波羅計畫」（Project Apollo）就是美國領導全球宇宙開發的象徵。但其實在阿波羅計畫以前，舊蘇聯也曾經帶領全世界的宇宙開發事業。我們就來回顧一下美國太空開發的歷史吧。

1957年10月4日，蘇聯成功發射人類史上第一架人工衛星「史普尼克1號」（Sputnik）。當時的美國總統艾森豪和全美人民

得知美國的太空開發技術竟落後蘇聯那麼多，受到相當大的打擊，此稱為「史普尼克衝擊」。

當時美國的陸海空三軍各自按照自己的計畫進行太空火箭開發，軍隊和政府單位在擴大各自權益的同時，往往怠於彼此協調，缺乏國家整體的概念、忽略國家整體利益。

因此，為了迎頭趕上落後蘇聯的一大步，美國在1958年7月成立NASA，統一全國的太空開發事業。此後，國家航空諮詢委員會（NACA）旗下的數千名員工、藍利研究中心（Langley Research Center）和加州理工學院附屬的噴射推進實驗室（Jet Propulsion Laboratory）的人，全都轉而隸屬NASA的指揮之下。

NASA成立之後的第一個計畫「水星計畫」（Project Mercury），是美國史上第一個載人的太空計畫。1961年5月5日，太空人艾倫‧雪帕德（Alan Shepard）搭乘「水星」太空船成功在彈道飛行了15分鐘。所謂的彈道飛行是指火箭像大砲一樣，沿著圓弧狀的飛行路線飛行後降落地面，因此還不到環繞地球軌道的程度。彈道飛行只要飛到高度100公里以上就算是「太空」。這回「水星」太空船的彈道飛行衝到187.42公里高，並在飛行後於距離約500公里遠的大西洋海面上平安降落。

「成功了！」美國國民應該舉國歡騰才對，但其實在美國彈道飛行成功的三星期以前，蘇聯才剛剛完成全球史上第一的創

舉。蘇聯籍太空人尤里‧加加林（Yuri Gagarin）搭乘的「東方
1號」（Vostok 1）衝破大氣層，環繞地球軌道後返回地球。也
就是說，美國完成的只是15分鐘的彈道飛行，而蘇聯卻成功地
在地球上繞了一圈。這差異也未免太大了，對美國人來說，豈
止是心裡苦不堪言，簡直就是來自敵國的威脅。而這個事實也
清楚地說明了美、蘇的敵對，是太空火箭開發的原動力。

從甘迺迪到布希

1961年5月25日，當時的美國總統約翰‧甘迺迪（John
Kennedy）發表聲明：「十年內要將人類送上月球，並使其平
安返回地球。」此一聲明震驚了全世界。但這個宣言好比明天
就要把一個連接球都不會的小孩子送到美國職棒大聯盟比賽、
還要他連接20球一樣，簡直就是裝腔作勢、毫無道理的聲明。

美國和蘇聯的差異之大，只要是專家都早就看出來了。美國若
要趕上與蘇聯之間的技術差異，就得全國人民齊心一意、急起
直追才行。NASA向議會提出報告，將投入高達227億美元的預
算開發火箭。爾後，在1969年7月阿波羅11號順利登陸月球，
交出一張漂亮的成績單。美國前前後後總共登陸月球表面六
次，總算一雪前恥、反敗為勝。

可是，阿波羅計畫實在耗費了太多預算。有報告顯示，阿波羅
計畫的花費以現在的貨幣價值計算，約為1,350億美元。這代表
在光鮮亮麗的計畫背後，除了需要全美屈指可數的傑出科學家

和有膽識的太空人以外，充裕無上限的資金支助也是不可或缺的。

「阿波羅計畫實在是花太多錢了！」幾經檢討之後，美國決定放棄一次性的火箭，改為製作可重複使用的火箭，也就是太空梭。

然而，太空梭的發射費用又比想像中高很多。再加上1986年太空梭「挑戰者號」（STS Challenger）在發射過程中爆炸；2003年太空梭「哥倫比亞號」（STS Columbia）也在空中解體，犧牲了14名太空人寶貴的性命。這兩件事澆熄了美國人對宇宙開發的熱情。

美國的太空開發計畫是與舊蘇聯冷戰之下的產物，而在1991年蘇聯瓦解後，美國因政治因素而開發宇宙的動機也就愈來愈薄弱了。再加上美國財政惡化，能夠撥給NASA的預算支出也大幅縮減。NASA決定在2010年以後停止開發太空梭，因此2011年算是最後一次的飛行。此後，運送到國際太空站（ISS）的機材，不得不再次仰賴從前的「敵國」俄羅斯所製作的火箭。

在這樣的情況之下，2004年1月14日，喬治・布希（George Bush）總統宣布了一個新的宇宙開發計畫——「星座計畫」（Constellation Program），打算再次將太空人送上月球。

這個計畫的大目標是在「獵戶座」（Orion）太空船上載人飛行

到太空，實施真人火星探索的工作。很遺憾的是，這個計畫並不像阿波羅計畫一樣有多方面的技術性改革，所以計畫的進行也沒有預定的順利。

兼具技術力與交涉力的伊隆・馬斯克

2010年2月，美國首任黑人總統歐巴馬（Barack Obama）在就任後決定終止「星座計畫」。

歐巴馬同時說明：「NASA應該將載人飛行至太空的工作，交由民間執行。」美國決定提供資金支援民間企業，善用民間的力量將物資運送到低軌道和國際太空站。

伊隆・馬斯克截至2006年3月為止，已投入他個人的1億美元資金在SpaceX。儘管他已經竭盡所能，以最低的成本進行火箭開發工作，但這個產業畢竟是世上最花錢的事業，因此NASA的存在掌握了問題的關鍵。

NASA在2006年1月發佈商業軌道運輸服務（COTS）計畫，這是一個由民間將物資運送到國際太空站的開發計畫。SpaceX在同年8月18日順利地和NASA簽約，簽約總額高達2.78億美元。

伊隆・馬斯克不只是SpaceX的CEO，同時也是公司的CTO，負責技術研發。其它公司的負責人或許只是掛名CTO，但伊隆・馬斯克卻不一樣。他實際參與火箭的開發過程，深入決策

所有技術性的問題。他的付出和努力，絕對可以對外大聲地說：「我完全可以說明製作火箭的所有細節。」舉例來說，外殼材料的熱處理溫度會有什麼變化？為什麼選用這個材質？用什麼樣的焊接方法？伊隆‧馬斯克瞭解所有的細節，也參與所有決策。

天才型的伊隆‧馬斯克不只是完全瞭解火箭開發的細節而已，他還發揮溝通協調方面的長才，從NASA那裡得到為數不少的開發補助金。這位CEO不僅擁有技術方面的聰明才智，也具備了商業經營的交涉手腕，而且兩方面的能力都不是馬馬虎虎而已。

NASA的超大財庫

參加NASA商業軌道運輸服務（COTS）計畫的不只有SpaceX，其它的競爭企業也參加了。例如2000年Rocketplane收購Kistler Aerospace後於2006年成立的新公司Rocketplane Kistler，也和NASA簽了2.7億美元的契約。

然而，Rocketplane Kistler中途卻發生財務危機，因資金調度出現問題，不得不和NASA提前解約，公司也在2010年宣布倒閉。這意謂著民間企業要開發火箭，真的不是一件容易的事。

在開發火箭的途中，伊隆‧馬斯克不管其它公司如何篳路藍縷、如何跌跌撞撞，他只是特立獨行地在自己選擇的路上全

力以赴。SpaceX在2008年又和NASA簽下了商業補給服務
（CRS）契約；COTS契約是負責開發任務，而CRS契約則是
負責將所需物資運送到國際太空站。SpaceX至今已發射了12
次，獲得總額16億美元的高額契約。

另外，競爭企業軌道科學公司（Orbital Sciences Corporation）
也參加了商業補給服務計畫，他們總共發射了8次，共獲得19
億美元的契約。軌道科學公司成立於1982年，負責美軍飛彈防
衛系統，專門製作洲際彈道導彈做的固體燃料火箭「米諾陶」
（Minotaur），也參與了NASA的星座計畫。軌道科學公司的
董事長暨CEO大衛・湯普森（David Thompson）曾在NASA任
職，也曾經在軍需用品企業休斯飛機公司（Hughes Aircraft）
負責導彈系統工作，因此和NASA及美軍的關係都非常地好。

伊隆・馬斯克率領的SpaceX在2012年又成功地拿下了NASA的
委託契約「商業乘員一體化能力」（CCiCap），此契約的目標
是將人類送到國際太空站，而這個契約也是一筆高達4.4億美元
的鉅額預算。

像SpaceX如此花錢的火箭開發事業，都要多虧伊隆・馬斯克能
向NASA籌措到如此大筆的資金。

雖然伊隆・馬斯克只是一個來自南非的新住民，他與美國政府
和NASA都沒有任何交情，但他卻辦到了。這只能說伊隆・馬
斯克的交涉手腕實在不同凡響。

SpaceX的技術人員和員工人數都迅速增加。在2005年11月時，公司員工僅有160人，2008年7月已增加到500人；2010年員工人數已超過1,100人。到了2013年，總人數已經突破3,000人。

毫無成本控管意識的產業

至今誰都沒發現火箭開發的黑暗面，火箭業界的新手伊隆‧馬斯克卻順利克服了。

大部份人對火箭的技術研發不積極也就罷了，但火箭開發如此耗資的計畫，大家卻毫無成本控管的意識。洛克希德公司（Lockheed Corporation）等太空火箭企業不重視成本控管，就連NASA和美國國防部也都對製作成本毫不在意。

美國國防部就算花掉10億美元也無動於衷，他們在乎的就只有「能不能飛」而已。如果這是在「阿波羅計畫」的時代自然另當別論，但直到現在，他們的想法仍舊沒有改變。

最典型的例子就是，波音公司（The Boeing Company）等宇宙開發企業與美國政府的契約是採「實報實銷」的方式，也就是說，開發的所有費用全由政府買單。天底下哪裡還有這麼好做的生意呢？這就好比日本的電力公司採用的是「成本取向定價法」，日本的電力公司將所有成本加總後加上利潤，總金額就是向人民收取的「電費」。兩種計算方法雖然不同，意義卻不

謀而合。

不論是日本電力公司採用的成本取向定價法，或者是NASA採用的實報實銷方式，兩者都沒有努力控制成本的誘因。豈止如此，他們還會蠻橫霸道地以優良品質和某些浮誇的理由，將成本提高。

伊隆‧馬斯克用了一個很有趣的比喻來形容火箭開發：「如果你在波音公司或洛克希德公司的主管會議上，突然想到可以像天神（Atlas）或三角洲（Delta）火箭那樣來壓低製作成本……不用懷疑，只要你在會議上提出，馬上就會被炒魷魚。」

於是大型航太企業的菁英們，如果不想辦法提高公司利潤和股價，將無顏面對所有股東。因此這些菁英幹部們所想的都是如何提高火箭的售價，而非降低成本。

大型宇宙開發企業的官僚作風

火箭業界的官僚作風從招標階段就十分蠻橫無理，美國國防部喜用「長期契約」，也推崇「一家獨佔」的作風。

伊隆‧馬斯克的SpaceX多次挑戰美國空軍的招標，他很肯定一年至少能替美國省下10億美元的稅金，但招標結果總是敗興而歸。波音公司和洛克希德公司合夥成立的聯合發射公司（ULA）成功標得美國空軍的衛星發射契約，這讓伊隆‧馬斯

克非常地沮喪。

火箭業界的複雜結構已根深蒂固，大型航太企業接到工作就對外發包，而代工企業收到委託之後，再外發給其它工廠製作，就這樣四層、五層地向外發包。

每一個階層的每一家代工企業，為了維持生計都要往上加一點利潤，因此實報實銷方式當然能成立。外發愈多層，間接費用就愈高。

伊隆‧馬斯克強烈批評這種簡直就像白痴一樣的官僚作風。過去也有一些火箭業界相關人士批評政府完全沒有成本控管的概念，但實際上卻很少有人付諸行動去降低成本；而火箭製作成本和發射成本的間接費用過高，也是不爭的事實。

挑戰全地球、全世界和全人類的未來

伊隆‧馬斯克對外發表了「獵鷹1號」的發射費用為670萬美元，這個數字比起過去的火箭開發成本便宜太多了，讓全世界為之驚訝。到目前為止，沒有任何一家公司敢公布火箭的製造價格，伊隆‧馬斯克的此一行徑，又再次破壞了火箭業界的常規。

但無論是在附近的超市或網路世界，公開標示商品的價格都是很理所當然的事。只能說，網路業界和太空火箭業界本來就有

太多差異。

關於網路業界的成功，伊隆‧馬斯克表達了他的看法：「帶給人類的，不過是將一些小小的方便，整合為一個有用的價值，然後和家人、朋友們分享，讓生活變得更充實。這些都可以提高企業的價值，很不錯！沒什麼不好！」伊隆‧馬斯克並不過份誇飾在網路業界的成功，只是很淡定地看待。

然而，伊隆‧馬斯克在網路之外的領域也挑戰成功了，他強烈建議大家：「在網路的世界裡，傑出人才比比皆是。大家應該把目標放在網路之外的領域，有心創業的人，能發揮長才的地方很多。在其它領域發揮自己的才華，也是一件非常了不起的事。」

伊隆‧馬斯克目前挑戰的事業並沒有辦法提供人類小小的方便，不是以購物換取點數，也不是累積10萬次點閱率後換取1,000美元的輕鬆副業。他挑戰的是全地球、全世界和全人類的未來，所以汗流浹背、挑燈夜戰，甚至要賭上全部的人生。

The
Ambition
of
Elon Musk

CHAPTER
5

獨創──以電腦專用蓄電池開車

Model S的誕生

SpaceX的「獵鷹9號」成功發射後,特斯拉汽車公司像是不甘示弱一般,也開始加快腳步趕進度。既然特斯拉公司的目的是要減少破壞地球環境的二氧化碳繼續排放,以電動車代替原有的汽油車就是解決之道。因此,只有將電動跑車Roadstar推出市場才能達到目的。

從無到有開發一台百分之百的電動車相當耗資且耗時。因此一般人多半會利用既有的汽油車,搭載電動馬達和蓄電池後改裝一下,再一步步進行檢驗和試車,日產LEAF就是以March車身為基底,改裝而來的。

特斯拉的Roadstar當然也不例外，以Lotus Elise車身為基底，裝上自家製造的電動系統和動力傳動輪系，就完成電動車了。

緊接著特斯拉的第二款電動車Model S，其車身和底盤是由特斯拉公司自行研發，整部車都是特斯拉公司自行製造的「Made in Tesla電動車」。這台Model S，可匹敵BMW 5系列的四門五人座頂級房車。

第一款Roadstar只限量2,500台。而在開發第二款Model S時，特斯拉公司決定要成為一家「量產」的廠商，伊隆‧馬斯克計劃一年要生產20,000台的Model S。

日產LEAF

2012年6月，西班牙因陷入經濟危機而對歐盟提出財政支援的請求，就在此時Model S也開始在北美各國銷售。

四門房車Model S的車身不小、重量也不輕，車身長4978㎜×寬2189㎜×高1435㎜，重量達2,108公斤。車身特別重的原因，仍然在於蓄電池組的重量。

由7,000個鋰離子電池組合而成的蓄電池組，被穩穩地裝置在車底堅固鋁製底盤中約十公分處。所使用的蓄電池，比Roadstar的蓄電池能源密度提高了10％。重量極重的蓄電池被裝置在輪距之間很低的位置。Model S的行駛安定性顯然較佳。伊隆・馬

Model S

斯克表示：「為了實現超大蓄電池組的輕量型房車，我們採用了火箭的設計概念以及技術。」

考慮到車底可能產生碰撞或損傷，特斯拉做了萬全的對策。舉例來說，當車子駛入停車場時，車底極有可能因地勢高低不平而發生摩擦及碰撞。特斯拉在蓄電池組的底端裝上護具，以避免碰撞時損及蓄電池；此外在緊急情況發生時，電力控制系統也會自動斷電。

蓄電池有60kWh型和85kWh型兩種，60kWh型的連續行駛距離可達370公里，而85kWh型則可達480公里。以電動車來說，這樣的行車距離非常了不起。

85kwh型的最大加速性能0-97km只需4.2秒，可匹敵保時捷911車款，最高時速可達210公里。

降低空氣阻力

為了提高可行駛的公里數，Model S除了車身的輕量化之外，空氣動力性能也是設計重點之一。一開始開發Roadstar時，並未觸及空氣動力性能的領域；但開發Model S時，伊隆‧馬斯克任用了曾在馬自達（Mazda）擔任汽車設計的德國設計師凡霍豪森（Franz von Holzhausen），不斷重複地以電腦模擬和風洞測試，終於將空氣阻力的數值控制在0.24。

除了車身外型的設計，特斯拉的技師們對細節也諸多留意，例如為了減低汽車行走時的空氣阻力，Model S的門把和車門表面呈現一體形狀。就像飛機起飛離開地面後，過去助跑的機輪會露在機身外，現在為了減低飛行時的空氣阻力，已改為起飛後機輪收進機身的設計結構。

飛機的原理被應用在開發Model S上，開門時只需輕輕碰觸門把，門把就會像CD唱盤一樣瞬間彈出，扳開門把就能輕鬆打開車門。

車身也使用很多超高強度的金屬硼化物和超輕量鋁板，在後輪左右之間裝置了新開發的動力傳動輪系。

Model S的後座感覺很寬敞，少了傳動軸在座位中央，後座的地板完全是平坦的，坐起來非常舒適。此外，前方引擎蓋下可放置150公升的行李；收起後座的椅背後，後車廂的行李收納空間也有1,645公升。原來電動車也可以做到這樣！Model S確實讓人驚奇。

其實開發電動車的構想很久以前就存在了。早在1886年德國人卡爾·賓士（Karl Friedrich Benz）發明汽油引擎車之前，匈牙利的阿紐什·耶德利克（Ányos Jedlik）及蘇格蘭的羅伯特·安德森（Robert Anderson）就已經發明了電動車。

當時電動車、蒸汽汽車和汽油車在市場上掀起了一場爭霸戰，

那時美國紐約市區的計程車大多選用電動車，因此電動車比其它車種領先了一步。

但歷史證明，存續至今的終究是汽油車。有人問：「既然都有了電動車的構想，為什麼沒有人做呢？」伊隆‧馬斯克回答道：「要有構想很簡單，要實踐構想卻不容易。」

創業者光只有好的創意是不夠的，把創意變成實際的產品，讓顧客肯花錢購買產品，進行到這一步才能算是「事業」。接著，顧客滿意我們的產品後再度購買，這個事業才有資格算得上成功。如果任何事都能用「困難」當理由，而放棄將構想變成事業，那麼今天的特斯拉也不會存在了。特斯拉汽車是突破了重重困難，才推出Model S。

無噪音的電動車

電動車幾乎沒有引擎聲和震動聲，聲音小到讓媒體拿來當作話題炒作：「太安靜了，安靜到汽車經過路人都不會發現，這樣很危險。」但其實人的聽覺往往在愈安靜的情況下，愈是敏銳。

在開發Model S時，伊隆‧馬斯克非常在意每一個小聲音。尤其在設計階段時，他就堅持不要有絲毫雜音；製造階段時，更是小心避免任何怪聲音出現，員工必須向伊隆‧馬斯克報告所有的噪音解決進度。Model S的價值就在於，無論是踩加速器或是

踩煞車，幾乎沒有任何雜訊。

如果認為Model S的車身很重所以上坡應該有困難，那就大錯特錯了。汽油車上坡時會發出引擎聲，而電動車只要踩個加速器馬上就靜悄悄地加速前進，一路上坡順暢無阻。再加上Model S所使用的三相交流感應馬達的定片直徑比Roadstar大25％，輸出馬力和轉矩更是大為提升。

雖然車子前方沒有石油引擎，但為了確保意外撞擊時的安全，Model S的下方縱向位置裝置了兩支八角形支撐桿作為緩衝區，發生衝撞時會自行吸收能量以確保安全。

賈伯斯也會滿意的高規格

打開Model S車門坐上駕駛座，那絕對是開一般汽油車無法感受的體驗。繫上安全帶、踩下煞車踏板，電源就會自動啟動，完全不需要轉動鑰匙來發動。

車內最引人注意的，是儀錶板中央的17吋觸控面板，那幾乎是兩個iPad大小。在駕駛座周圍沒有任何機械式按鈕，所以舉凡方向盤設定、避震裝置的選擇、煞車的強弱、空調設定等，所有功能都可輕易地在這個觸控面板上操作，用一根手指頭就能控制。另外有兩個USB插孔，可以在車內操作智慧型手機或平板終端機。

此外，用家裡的插孔就能充電，對應的電壓有110V、220V、
440V三種。

要特別強調的是，85kWh型所附的「超級充電器」可以用
90kW直流電流充電，只要充電30分鐘就可行走200公里。伊
隆‧馬斯克更表示，近期內預計將提升至以120kW充電，到時
候充電20分鐘就可以有50%的充電量。

為了讓超級充電器可以隨時充電，伊隆‧馬斯克在美國幾個主

Model S的17吋觸控面板

要城市架設了高速充電站。預計2015年，高速充電站的擴充將遍佈北美人口的98％。他的態度依舊是積極且野心勃勃。

結合電腦與汽車於一身的Model S，不僅顛覆了長久以來我們對汽油車的想法，也展現出電動車的願景。

特斯拉與豐田的策略聯盟

由於生產Roadstar時並非大量生產，幾乎可以說是手工車：車

加州的特斯拉超級充電站

© Car Culture/CarCulture/Corbis

身面板先從法國廠商送到英國的Lotus汽車工廠，Lotus工廠再
將車身面板和汽車底盤組裝後送到美國的特斯拉工廠。而傳動
裝置則來自密西根州的博格華納公司，煞車系統和安全氣囊則
來自德國西門子公司（SIEMENS AG）。從世界各地將零件及
半成品運送到特斯拉位於加州的工廠後，特斯拉再將蓄電池組
和電氣馬達等動力傳動輪系以手工方式組裝完成。

而在計劃推出Model S時特斯拉公司就打算量產，因此決定在
重新整修過的舊NUMMI*工廠進行大量生產。NUMMI原本是

充電中的Model S

豐田汽車和GM汽車合夥成立的汽車製造工廠，2009年GM發生財務漏洞決定退出，豐田汽車也在2010年關廠，解僱了超過四千名的員工。

但在這個時候，2010年5月21日，美國加州帕羅奧多市（Palo Alto）的特斯拉總公司發佈了一個驚動汽車業界的消息。伊隆·馬斯克和豐田汽車社長豐田章男在加州州長阿諾·史瓦辛格（Arnold Schwarzenegger）的見證下，對外宣布兩家公司將策略聯盟，聯手開發電動車。這一刻對兩家公司來說都是一個新的里程埤，豐田汽車同時也投資了特斯拉汽車5,000萬美元。

在消息宣布前，任何媒體都沒有發現特斯拉汽車和豐田汽車的這項計畫。眾人都以為豐田汽車只專注於開發汽電混合動力車，沒想到豐田對電動車也有興趣。汽車業界的行家都慌了。後來才知道，兩家公司早在一個多月前就開始洽談這項合作計畫。伊隆·馬斯克甚至邀請遠赴美國的豐田章男在自家共享晚餐。飯後，豐田章男乘上伊隆·馬斯克駕駛的Roadstar兜風時，竟然被它的車速給嚇著了。兩位頂尖人物，就這樣一邊高速兜風，一邊聊著未來。

但此時豐田汽車正面臨一個大難題，銷售北美市場的LEXUS和

---

* ／ 註：新聯合汽車製造公司（New United Motor Manufacturing, Inc.），簡稱NUMMI。

CAMRY因行駛中的突然加速事件，引起顧客聯名控告，並導致大規模汽車召回。2月時，豐田章男才被傳喚到美國議會的公聽會，各大媒體大幅報導豐田章男在記者會上道歉的畫面。有不少人認為，自去年GM和克萊斯勒宣布破產後，美國人最引以為傲的汽車產業眼看著就要被豐田給稱霸了，因此和美國汽車產業有利害關係的政治人物便蓄意抨擊豐田汽車。不論原因為何，這件事對豐田汽車來說無疑是個危機。幸而豐田汽車迅速解決了問題並起死回生，2012年的銷售量仍居世界第一。

在特斯拉總公司召開的記者會上，豐田章男站在伊隆‧馬斯克的旁邊說：「從高科技、開發到製造的強烈意志及熱衷的態度，我感受到的，是特斯拉公司無限的潛能。」這絕對不是場面話。

目前年營業額高達20兆日圓的豐田汽車，在企業初創時期也是躲在豐田自動紡織機*的一角偷偷地開發汽車。明治時代發明王豐田佐吉的長子豐田喜一郎，在開發汽車初期也曾遭受豐田自動紡織機所有幹部的強烈反對。大家反對的理由是：「技術太困難了，連大財閥都不做的事，為什麼我們要做？」就算遭到眾人反對也執意要開發汽車，也許豐田喜一郎的熱情和不屈不

---

* ／ 註：豐田始祖豐田佐吉於1926年創立「豐田自動織機製作所」（現為豐田自動織機），主要生產紡織機。1933年成立汽車部門，其長子豐田喜一郎應用紡織機的機械原理和鑄造技術開發汽車，並於1935年正式生產汽車，1937年汽車部門獨立成立為新公司「豐田自動車工業株式會社」。

饒的精神正好與伊隆・馬斯克相似。

伊隆・馬斯克以4,200萬美元買下這間GM退出、被豐田關掉的NUMMI工廠。看似不吉利的舊工廠，卻是他決定量產Model S電動車的地方。

善用資金

無論是事業或人生，在理想和現實間如果抓不到平衡點，結果通常慘不忍睹。大家都明白站在成本的考量，應該先考慮現實能賣出幾台車再投資工廠，但往往有人太過理想化而過度投資，一旦資金周轉不靈導致經濟拮据，公司和員工都會陷入償債的無底深淵。

很多評論家針對這件事做了一番批評：「GM和克萊斯勒都倒閉了，在這個時候成立汽車工廠，趕什麼流行呢？」伊隆・馬斯克莫名其妙地承受這些壓力。

但從另一個角度想，在汽車產業景氣最差的時候，反而可以用低價買進一些汽車生產設備，又何嘗不是一個降低生產成本的好機會？

伊隆・馬斯克利用這個好機會，買進了很多便宜的生產機器設備，對失業率居高不下的加州而言，有企業進駐NUMMI工廠，儼然是創造就業的好消息。這就是豐田汽車和特斯拉公司

的記者會上，當時的加州州長阿諾・史瓦辛格會親自出席的原因。

伊隆・馬斯克運用他的智慧、也下了一番工夫，重新整修老舊的NUMMI工廠。為了減少支出，便宜買進別人轉賣的大型油壓沖模機；但在需要導入最新技術的工程上，則不惜投入大筆資金。需要高精密的組裝工程部分，特斯拉購買了業界中評價最高、由德國庫卡（KUKA）機器人公司生產的最新型機器人。

Model S的車頂非常地低，從配件倉庫中拿出一片座椅，要在幾秒鐘內送進車內組裝完成，並不是一件容易的事。但庫卡公司生產的組裝機器人可以輕鬆辦到。而且只要變更機器人的組裝程式，馬上又可以進行別項工作。例如，拿起一片前方擋風玻璃，在周圍塗上黏著劑，輕輕鬆鬆就能密合於車身前方。後方玻璃當然也是同一組機器人組裝的。庫卡公司的組裝機器人能應付各種生產作業，大大地提升了組裝的效率。

特斯拉製造部門副總裁吉爾伯托・帕思（Gilbert Passin）在汽車業界的經驗很豐富，他也曾經參與豐田汽車LEXUS RX的生產製造。

伊隆・馬斯克在2008年就換掉創辦人之一馬汀・埃貝哈特，之後也歷經一再更換CEO的窘境。在此情況下，伊隆・馬斯克接受了其他人的忠告，引進在汽車業界有豐富經驗的人，因此選

擇了臨時代理CEO麥可‧馬科斯。

IT產業出身的伊隆‧馬斯克，雖然總是會把眼光放在IT業界，但在生產Model S之際，他善用了汽車產業方面的人才，因此才如此順利且成功。特斯拉公司最功不可沒的，正是汽車業界出身的吉爾伯托‧帕思。

製造現場的精神人物吉爾伯托‧帕思，並不認為所有的事情都能機械化，重點在於什麼事應該機械化、什麼事該善用人力，這必須要有明確的分水嶺。過多的機械作業會失去工作的彈性，讓人覺得綁手綁腳、不易作業；而太多勞力工作，則會使工作不一致且徒增工資。

特斯拉公司製造過程的最大特色，就是廠內生產的比率極高。發揮公司的優勢，將核心技術工程放在公司內部自行製造，這是伊隆‧馬斯克的理念。

蓄電的電池從國際牌家電和其它廠商採購進來後，先模組化再裝上冷卻系統。這樣電力強，又能控制電力且可信度極高的蓄電池組，就是在特斯拉工廠的二樓加工製造。另外，動力傳動輪系和車身等，九成以上的生產製造也都是在自家工廠完成的。

未來的美國工廠

舊NUMMI工廠的內部經過一番整修後,從鋁合金材料的加工開始生產Model S電動車。重達7噸的鋁合金,進貨時呈捲筒狀,所以必須經過三段加工處理。先用軋平機將鋁合金的捲褶壓平、裁剪,再用大型油壓沖模機沖壓出車頂、引擎蓋、車門等。塑膠保險桿的射出成型當然也是在這個工廠生產的。特斯拉買進了160台產業用機器人,專門負責焊接、鉚釘加工、上漆等工作,完成後再轉交下一步的組裝工程。廠內大約有3,000位員工在此工作,可見工廠內部生產的比率有多高。

就連其它汽車廠商對鋁合金的製造加工技術也是一知半解,而強調輕量型的Model S卻用了不少鋁合金材料。特斯拉堅持在自家工廠內生產製造,因此累積的生產技術對成本控管非常有幫助。

最後一關的組裝工程,是用一台名為「智慧型搬運車」的紅色電動台車。這台搬運車是自走式系統,貼著地板沿著磁氣引導走來走去、轉來轉去,作用是將Model S一台台架起組裝。特斯拉並沒有引進一般的輸送帶設備,因為日後如果擴大產量或變更設計時,智慧型搬運車能應用的層面比較廣泛。也就是說,Model S也不過是特斯拉電動車量產的第一步而已。在這個工廠,早就已經準備要生產第三代電動車了。

進入特斯拉工廠的第一印象就是非常地乾淨,現場呈現俐落分

明的紅白兩色，讓NUMMI有了全新樣貌。作業員的工作服也是紅白配色。過去對汽車工廠的印象大多是被機油沾滿全身的工作服，但特斯拉工廠倒是比較像是生產家電的工廠，讓人耳目一新。新時代的汽車工廠就應該是這個樣子！

美國的製造業衰退，工作幾乎都被中國或其它新興國家剝奪了。特斯拉工廠為美國注入一股新的氣息。吉爾伯托・帕思說：「特斯拉工廠是美國的未來，而我們在這裡創造未來。」

Model S的生產過程

力拼股票上市

對所有創業者而言，最大的目標就是股票上市。特斯拉在接受豐田汽車出資後的隔年，於2010年6月大膽地在美國那斯達克（NASDAQ）證券交易所正式上市。這是公司成立第七年的一大突破。

開放時每股股價為17美元，最後漲到每股23.89美元。因股價飆漲，特斯拉公司又集資了2.26億美元。雖然特斯拉公司成立以來赤字連連，如今股票卻成功上市，或許我們應該關注的是這位絕代企業家、打破常規的投資家，以及大家對電動車的期待。

距離上次福特汽車在1956年股票上市，已經過了半個世紀了。特斯拉的股票上市在汽車業界引起一陣騷動，許多媒體把特斯拉的股票上市作為頭版新聞報導。然而去年GM和克萊斯勒才剛接連倒閉，再加上自1920年之後，在美國新成立的汽車廠沒有任何一家存活；所以若要說特斯拉的前途無可限量，似乎還言之過早。

但伊隆・馬斯克並不因此卻步，他還保留了另一張可以實現電動車夢想的王牌，也就是充電站。

無論汽車性能如何地好，若是無法補充燃料，汽車也不過是個處理不掉的大型垃圾罷了。

電動車完全不排放二氧化碳和氮氧化物（NOX），能源的使用效率也比汽油車好太多，但缺點就是一次充電後能行走的距離比汽油車短。英國BBC的《頂級跑車秀》就是針對這一點猛烈地攻擊特斯拉（請見第3章）。

反之，如果有一天到處都能充電、隨時都能充電，免費而且方便，這個世界將會變成另一個樣貌。

伊隆・馬斯克不只是要做電動車，他希望不使用化石燃料，也能提供所有人最有效的移動方法。

然而就在特斯拉股票上市的三個月後，伊隆・馬斯克與小他十四歲，當時年僅25歲的女星泰露拉・李利（Talulah Riley）再婚了。

這件事又掀起了另一個話題。兩人是在伊隆・馬斯克和前妻賈斯汀的關係開始惡化的2008年開始交往的。一般人對此難免會感到驚訝。2008年，Roadstar遲遲無法交貨，特斯拉公司當時正陷入一片混亂，且面臨資金周轉不靈；此外，「獵鷹1號」的發射也一再失敗；當時也正是伊隆・馬斯克忙到無法兼顧家庭，導致家庭關係產生裂縫的時候。在這樣的時刻，他竟然有心力及時間與新對象交往………也因此，輿論一片譁然。

虜獲伊隆・馬斯克的泰露拉・李利是英國女明星，曾和李

伊隆‧馬斯克與泰露拉‧李利

奧納多‧狄卡皮歐及渡邊謙共同演出電影《全面啟動》（Inception）。據說泰露拉‧李利第一次見到伊隆‧馬斯克時，並不知道他是經營好幾家公司的大富豪。而當伊隆‧馬斯克告訴她自己是個億萬富翁，且擔任SpaceX和特斯拉的CEO之後，兩人才開始有更深的交往。

終究，兩人在2012年離婚了。伊隆‧馬斯克完全不理會八卦新聞的報導，他試圖將世人矚目的焦點再拉回他的事業上。

The
Ambition
of
Elon Musk

異端──火箭開發革命

史上第一架與國際太空站接軌的太空船

SpaceX開發的火箭「獵鷹」，是由電影《星際大戰》中的「千年鷹號」（Millennium Falcon）而來。沒錯！就是哈里遜·福特（Harrison Ford）飾演的韓蘇洛所駕駛的太空船；而獵鷹火箭的「1號」和「9號」命名，指的是第一節火箭搭載的梅林引擎，是由9座捆綁結合為一座而來。

2012年5月22日，「獵鷹9號」站上佛羅里達州卡納維爾角空軍基地的發射台，捆綁在一起的9座梅林引擎同時點火，接著轟隆隆地朝著藍天白雲飛上去了。火箭直線向上飛，發射後約3分鐘，第一節火箭順利分離了。這一次是商業軌道運輸服務（COTS）計畫的第二次試射，所以火箭裡搭載的正是太空船

「飛龍號」。

「飛龍號」太空船搭上「獵鷹9號」火箭發射出去，約10分鐘後
到達預定的軌道。但其實這都是上次「獵鷹9號」2號機已經完
成的過程，緊接下來才是伊隆‧馬斯克未知的世界。

「飛龍號」太空船依預定行程在地球軌道上環繞，並於美國東
岸夏季時間5月25日的9點56分，被國際太空站的機械手臂牢牢

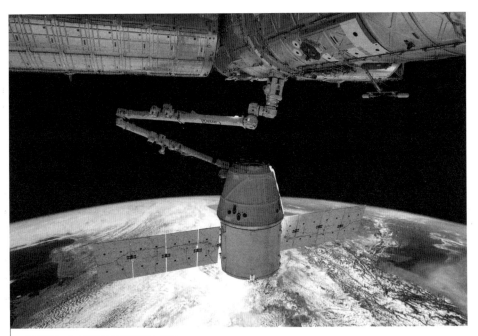

「飛龍號」太空船成功接軌國際太空站

© EPA/NASA/HANDOUT

抓住，11點02分成功與國際太空站接軌。這個結果讓全球為之驚喜、瘋狂。SpaceX竟然做到了！以一家私人企業，竟然成功地讓太空船與國際太空站接軌。這可是史上頭一遭。

成功接軌之後，伊隆・馬斯克對全世界發表他的感想：「我們很興奮，我們完成了最重要的使命了。」

「飛龍號」太空船在國際太空站裡，裝載合計超過500公斤已穿過的衣服和實驗用人造衛星後，於5月31日4點07分解除接軌裝置，並進行離開軌道噴射再次衝入大氣層。11點42分，安全回到加州海域附近的太平洋海面上。私人企業發射太空船與國際太空站接軌，接著又安全返回地球，這樣的豐功偉業當然也是史上第一次。

SpaceX低成本的祕密——大量發射火箭

2012年10月7日在卡納維爾角空軍基地，「獵鷹9號」4號機衝向無邊無際的天空，執行NASA委託的商業補給服務（CRS）契約中的第一項任務。這是將物資運送到國際太空站的計畫，超過400公斤的搭載物資，包括乘坐人員所需的用品和實驗用資材。

這次「獵鷹9號」火箭在上升時，9座梅林引擎的其中一座竟發生壓力減低的問題！

只見SpaceX的工程師們不慌不忙,先將有問題的那座引擎停止
運轉,讓其它8座引擎繼續運作,順利完成飛行。所有相關人員
都鬆了一口氣。

在設計「獵鷹9號」時就已經開發了這項功能,萬一有座引擎發
生異常也不會影響發射。這次的問題只是證明當時的設計沒有
問題,確實可以順利運作。

SpaceX CRS-1「獵鷹9號」發射

火箭成功發射之後，伊隆‧馬斯克當然很開心，但他並沒有因此而自大或掉以輕心。他說：「除了『飛龍號』太空船與國際太空站接軌之外，我們要做的事情還有很多很多。」

其實當時在「飛龍號」太空船裡，除了CRS-1契約的物資之外，還搭載了美國ORBCOMM衛星公司的新型通訊衛星雛型「Orbcomm-G2」。但因為「獵鷹9號」第一節火箭有一座梅林引擎發生壓力減低的問題，為降低負荷，通訊衛星雛型尚未到達預定軌道前就被投下了，也在四天後起火燃燒殆盡。很無奈，但這也是為了履行CRS-1契約所做的決定。

「飛龍號」太空船雖然在中途出了一點狀況，但這次最重要的使命CRS-1契約的物資，在10月10日送達國際太空站。而在國際太空站操控機械手臂，抓住飛龍號的是日本宇宙航空研究開發機構（JAXA）派遣的太空人星出彰彥。

星出彰彥早在同年7月15日，便搭乘「聯盟號」（Soyuz TMA-05M）事先抵達國際太空站。他在國際太空站停留的時間長達125天，是停留最久的日本籍太空人。而「飛龍號」太空船也在外太空停留了兩週半，才回到伊隆‧馬斯克所在的地球。

SpaceX乘勝追擊。2013年3月1日，「飛龍號」太空船又搭載了NASA的第二個契約CRS-2的物資，乘著「獵鷹9號」火箭成功發射升空了。這次的任務是運送大約544公斤的補給物資到國際

太空站，回程再搭載重達約1,043公斤的實驗成品回到地球。

「獵鷹9號」發射出去後沒多久，就發現其中幾個集群分離艙
無法正常運作，而「飛龍號」的太陽能電池面板也無法完全展
開。在SpaceX技術人員的耐心修復下，問題順利解決。3月26
日，飛龍號安全回到加州海域附近的太平洋海面上。《魔法

2012年7月15日發射的「聯盟號」火箭

龍──泡芙》裡的孩子傑基長大後就忘了夢想，但「飛龍號」太空船卻朝著夢想一步一步地前進。

SpaceX計劃在2013年進行六次的火箭發射。伊隆‧馬斯克打算以大量發射火箭，來大幅降低發射的成本。他更大膽計劃，在2014年，每個月至少都要發射火箭一次。不只是來自NASA的委託，日後也包含來自歐洲、亞洲、南美各國的各類委託。

SpaceX低成本的祕密──不申請專利

在SpaceX出現以前，一般人根本不可能會知道火箭的價格。但SpaceX繼「獵鷹1號」之後，更無所顧忌地將「獵鷹9號」的價格公開在網路上。這樣天不怕地不怕的行為，全世界只有SpaceX敢做。「獵鷹9號」的價格僅5,400萬美元，而NASA投注所有心血完成的「三角洲4號」火箭，其價格大約是「獵鷹9號」的六倍。

為什麼火箭可以這麼便宜？伊隆‧馬斯克帶領的SpaceX究竟是怎麼辦到的？

多家媒體記者都問伊隆‧馬斯克同樣的問題，但他的答案卻讓人出乎意料。答案是：「因為SpaceX不申請專利。」

申請專利可避免其它公司抄襲模仿，為了保障公司開發的高科技產品，大部份公司都會走向申請專利一途。每年都會公佈各

國的專利件數，已開發的工業國家更是以專利件數作為競爭力的指標。但像是中國，只是以累積專利件數為目的，不管水準高低全都提出專利申請，並沒有什麼意義。

既然專利對高科技產業而言如此重要，伊隆‧馬斯克為什麼不申請專利呢？

他的理由是：「只要申請專利，中國人就會模仿。」伊隆‧馬斯克一語道破了所有人都心知肚明的事。事實上，把日本或美國的專利產品當教材來開發新產品，確實是中國的實際狀況。

基於上述原因，伊隆‧馬斯克並沒有申請專利。但SpaceX除了不申請專利之外，還有其它降低成本的方法。

SpaceX低成本的祕密——設計簡單

SpaceX之所以能製作出比別人便宜的火箭，重點在於他們並非一台一台訂做，而是大量生產。這是伊隆‧馬斯克革命性的思想。

以生產汽車來說，要降低成本首先要統一設計和零件的規格，以同樣的生產設備提高機器的運轉率，同時也降低不良率。其次，將產品變成一系列，盡可能一次製作很多台。這樣一來，零件成本和製作成本都會降低。生產家電也是同樣的道理，但至今沒有人會把這樣的道理應用在火箭開發上。

就像哥倫布發現新大陸一樣，萬事起頭難。伊隆·馬斯克盡可能地將火箭設計的很簡單。舉例來說，「獵鷹1號」和「獵鷹9號」使用相同的燃料和氧化劑，就連煤油和液態氧也一樣。此外，「獵鷹1號」所使用的梅林引擎，也可用在「獵鷹9號」。這樣一來，零件不僅可以共用，還可以減少生產設備及加工過程。

我們就以聯合發射公司過去製作的火箭「擎天神5號」（Atlas V）來比較。

「擎天神五號」火箭使用了三種引擎。第一節火箭用的是俄羅斯動力機械科研生產聯合體（NPO Energomash）製造、俄美合資的阿莫羅斯（RD Amross）銷售的引擎。噴射燃料用的則是煤油和液態氧。

輔助火箭用的是美國噴氣飛機公司（Aerojet）製造的引擎，噴射燃料用的是固體燃料，而非液體燃料。

第二節火箭用的是普惠製造、極為複雜的液態氫和液態氧合一的RL10引擎。

一架火箭用了三種引擎，看似完美無缺，但價格也同樣至高無上。「擎天神五號」的開發成本是「獵鷹9號」的六倍，發射費用是「獵鷹9號」的七倍。

SpaceX低成本的祕密——組織單純

簡單的設計加上單純的組織結構，將會產生很大的乘數效應。

有過五次太空梭飛行經驗的太空人肯內斯・鮑威索克斯（Kenneth Bowersox）強力主張：「安全的根本在於火箭的設計。」火箭的設計愈複雜，零件數量就愈多，生產的廠商也愈多，這些都會影響火箭的安全性。並且，火箭的設計如果不簡單一點，組織也會隨之龐大。

NASA開發的太空梭，軌道船是由波音公司和洛克威爾公司製造，外部燃料槽由洛克希德・馬丁公司製造，固體燃料輔助火箭則是由阿連特技術系統公司（Alliant Techsystems Inc.）製造。非常地複雜。

鮑威索克斯嚴厲地批判：「NASA設計的太空梭太過複雜，才會需要那麼大的組織結構。」鮑威索克斯也曾駕駛俄羅斯開發的聯盟號，他明白地指出：「聯盟號的設計明顯地比NASA開發的太空梭簡單很多，因此他們的組織結構也比NASA的規模小很多。」

獵鷹系列的火箭設計非常簡單，因此組織所需的間接費用也非常小。此外，SpaceX開發了一台可精確自動倒數計時的系統，發射火箭時，人只要在一旁觀察機器的自動倒數即可。SpaceX

的設計概念是「人只有在必要時才出手」，因此節省了不少人事間接費用，在成本控管上極具意義。

在實際開發的現場也有很大不同。SpaceX的指揮模式並不像NASA，應該可說是矽谷作風的進化版。

SpaceX的組織結構盡可能單純且具機動性，也就是所謂的扁平化管理（flat management）。

在一般的美國企業，只要稍微升職就會擁有自己的獨立辦公室，隔絕外面的吵吵鬧鬧。坐上那張大大的椅子，有多麼舒適啊！

但伊隆‧馬斯克警惕大家：「那一道門只會阻礙人與人之間的溝通。」走進SpaceX，你會看見的是用矮隔板間隔開來的一張張桌子，而不是一間間的小辦公室。無論是人事部門還是會計部門，就連總經理也一樣。所有工程師都在同一個屋頂下工作，從設計、測試到改良都是一條龍的作業。

SpaceX的某位主管說：「這種模式才真正是了不起的創新。」縱向的領導觀念根本無法應付新技術開發的工作。在開發複雜且困難的技術時，如果拉起一條線表示「這個範圍是由我負責的」，那就會從「進步的雲霄飛車」跌落，而永遠停滯不前。

曾有人比喻，企業的組織就像量身定做的衣服一樣，是按照當

時的體型量身定做，不可能請人幫你做十年後合身的衣服。組織也一樣，只能按照當時的市場狀況設計。

但組織一旦定型，要因應市場變化來調整組織結構，並不容易。以主從關係來看，市場本來就是「主」，而組織是「從」。若是本末倒置，組織不隨著市場變化而改變，企業面臨的將是衰退與倒閉。

在太空火箭開發的初始，確實需要像NASA那樣的龐大組織，各領域的專家、以備不時之需的科學家，以及挑戰未知未來所需的龐大組織結構，都是不可或缺的。可是時代在改變，技術也大有進步。NASA發射阿波羅13號時所用的大型電腦控制系統，如今只需要一台個人電腦就足夠了。

走廊上的快閃行動──SpaceX的超高速決策力

不同於NASA的龐大組織，SpaceX屬於矽谷作風，組織結構簡單，決策也不拖泥帶水。

丹‧拉斯基（Dan Lasky）曾經在NASA負責開發PICA隔熱板，他在SpaceX開發「飛龍號」太空船的隔熱板時，整個2008年幾乎都在公司的開發部門度過。開發部門裡，有桌子、有電話，他和SpaceX的技術人員成立一個隔熱板開發團隊，挑戰隔熱板開發的問題。然而，最讓丹‧拉斯基驚訝的，是SpaceX的決策速度。

丹・拉斯基的第一個工作是在一家小型航空太空公司,而他在NASA也有二十年的工作經驗。進入SpaceX工作之後,他開始回想過去工作的感覺,SpaceX的決策速度深具革命性,超乎想像的快。

某天在某一個會議上,伊隆・馬斯克召集了大批開發人員開會。正熱烈討論新型隔熱板的製作時,伊隆・馬斯克突然問丹・拉斯基:「你怎麼認為呢?」於是丹・拉斯基表達了自己的專業看法,當然也說明了理由。伊隆・馬斯克聽了之後說:「好。就這麼辦吧!」就這麼一句話,拍板定案。

在NASA,針對一個提案必須經過數次分析與探討,要花很長的時間才會有結論。像NASA那樣的政府機關,根本不可能速戰速決。

然而想東想西想太多,與其在會議室裡冠冕堂皇的討論,SpaceX會把時間拿來製作樣品,馬上進行測試。資料程序不完整就無法進行下一步的官僚作風,根本無法有任何進度。製成樣品後馬上實驗,若實驗結果不如預期,也不會就此止步;而是思考這次的經驗,如何作為下次改良時的重要參考。

就這樣成功開發了「飛龍號」太空船所使用的新型隔熱板PICA-X。

PICA-X是以NASA開發的PICA隔熱板為基礎，重新改良。太空船再次衝入大氣層時，機身與空氣間會產生很嚴重的熱摩擦，而摩擦的高溫也會因此侵入機身。燒蝕板的防熱原理是隔熱材料自行吸收並轉換摩擦的高溫，以防止高溫進入機身裡。NASA開發的「星塵號」（Stardust）太空船就是使用PICA隔熱板，創下了驚人的卓越成果。

伊隆・馬斯克拍胸脯保證：「這個隔熱盾牌在低軌道來回一千次也沒有問題。」並且從月球或火星回來，以更高的能量再次衝入大氣層也不是問題。最厲害的是，花費的成本只有過往的十分之一。

人員少、機動性高，技術性的問題一個一個迎刃而解。有人曾經開玩笑地表示，SpaceX「只要有問題發生，走廊上的『快閃行動』就會馬上開始。」

什麼是「快閃行動」呢？透過網路，事先約定集合地點和即興的表演內容。即興表演結束後，大家又好像什麼事都沒發生似的各自離開。這類快閃行動正如同SpaceX的新興組織形態，敏捷地應對變化萬千的所有問題。

縮小理想與現實的差距

矽谷作風的太空開發企業SpaceX之所以能夠成功，多虧了各方的菁英。舉例來說，現今擔任SpaceX總裁兼營運長（COO）的

葛恩‧夏特威爾（Gwynne Shotwell）就是其中一人。她在家中三姐妹裡排行老二，自幼就對機器類的東西感興趣。

葛恩‧夏特威爾出生在芝加哥的郊外，父親是腦外科醫生，母親是位藝術家。她小時候經常幫忙父親修剪草坪。

小學三年級時，有次葛恩‧夏特威爾和媽媽在車子裡，一臉疑惑地問了媽媽：「為什麼引擎會轉動呢？」媽媽因此買了一本有關引擎的書給她。葛恩‧夏特威爾隱約記得，在看了那本書之後就對引擎、齒輪，以及使汽車能順利轉彎的差速齒輪開始感興趣。

活潑的葛恩‧夏特威爾在高中時曾是籃球隊選手，也曾經參加啦啦隊。媽媽建議葛恩‧夏特威爾將來當個工程師，但不是每個小孩都會按照父母的安排去做。葛恩‧夏特威爾也不例外。老實說，她自己也搞不太清楚工程師究竟是什麼樣的行業。於是媽媽帶著葛恩‧夏特威爾去參加伊利諾理工學院舉行的女科技人協會（SWE）說明會。非常幸運地，葛恩‧夏特威爾在那裡發現了自己的天職。

爾後葛恩‧夏特威爾進入西北大學，主修機械工程學和應用數學，也順利進入聯邦政府出資的航太公司（Aerospace），得到她可以一展長才的舞台。她以熱解析的研究發表了幾篇論文。就這樣過了十年，她想實際製造太空船的想法愈來愈強烈，於是她離開航太公司，進入開發火箭的小宇宙公司

（Microcosm）擔任總監。小宇宙公司主要接受空軍總部的委託業務，規模雖小，但可以盡情發揮自己的想法。

2002年的某天，葛恩‧夏特威爾和一位在SpaceX工作的朋友一起吃午飯。此時她想都沒想過，自己竟然有機會和伊隆‧馬斯克認識，甚至交談。突如而來的機會改變了她的人生方向。兩

SpaceX總裁兼營運長葛恩‧夏特威爾

By NASA/Kim Shiflett [Public domain], via Wikimedia Commons

星期後，葛恩・夏特威爾成為SpaceX的第七位員工。

雖然葛恩・夏特威爾曾擔任商業開發工作，但並沒有受過正規的職場教育訓練，她的基礎全來自OJT訓練（on the job training）時的體驗。

工程師的使命是開發出完美無暇的產品；業務員的使命則是盡快出貨上市，以免錯過商機。但葛恩・夏特威爾認為，兩種想法都很重要，她也努力地兩者兼顧。可以說，她是個有理想的現實主義者，這一點和伊隆・馬斯克不謀而合。

葛恩・夏特威爾不像個工程師，她的行動力以及在航空太空業界的豐富經驗，是支持伊隆・馬斯克和SpaceX成長的原動力。她對年輕的工程師說：「如果不放眼未來，不試著改善現代的科技，終究會被未來拋棄。」開發「獵鷹1號」時，幾經失敗都沒有人放棄，一路勇往直前。足以證明，她的想法已經深深地感染整個開發團隊了。

降低成本不具革命性嗎？

SpaceX成功地以超低價完成火箭開發，伊隆・馬斯克透露了其中的祕訣：「並沒有什麼突破性的大改革，我們只是一點一滴地努力，腳踏實地累積成果而已。」接著，伊隆・馬斯克又強調SpaceX最傲人的武器是「我們獨創的火箭成本控管概念，本身就是個突破性的改革。」

不少企業認為，成本控管太無趣也太俗氣，於是將整個製程都外包給代工企業。但SpaceX不假手他人，在自家公司生產製造。在公司內部生產製造，可以引進新技術，也可以產生新的附加價值。這和洛克希德等大型航空太空企業的四層、五層外包，形成相當大的對比。

舉例來說，在製造獵鷹系列火箭的鋁鋰合金製燃料槽時，導入新型技術「摩擦攪拌焊接法」（Friction Stir Welding），以取代原有的鎢電極TIG焊接法。摩擦攪拌焊接法主要用在鋁製品等非鐵金屬類材料的焊接，1991年由英國銲接研究所（The Welding Institute，簡稱TWI）開發，是以攪拌工具轉動材料，利用摩擦生熱的原理，讓材料的接合面遇熱軟化後，使金屬產生塑性流動的焊接技術。領域雖然不同，但蘋果在2012年發售的iMac鋁外殼也是利用同樣的焊接技術，側面邊緣才得以達到5公釐的超薄設計。

獵鷹系列火箭燃料槽所用的鋁鋰合金，是在鋁金屬中加進一些鋰金屬。鋁金屬的密度為2.7，而鋰金屬的密度只有0.53。由於鋁和鋰的比例為5:1，重量比水還輕。加進些許鋰金屬在鋁金屬裡面，合金的剛度和比強度*都會提高。也就是說，以同樣的強度，會讓產品變得更輕。

此外，製造獵鷹系列火箭燃料槽時導入的摩擦攪拌焊接法有什麼特點呢？在熔點溫度以下焊接，可避免焊接時歪掉，減少故

障率的發生。還不只是這些，原有的焊接法必須先經過前置處理，焊接後還得透過X光機器檢測焊接的狀態，非常費事。但摩擦攪拌焊接法，可在焊接的同時以超音波機器輕鬆地確認焊接後的狀態，既省時又省錢。上述方法讓我們了解到，原來開發火箭這等大事，也是從微小的努力一點一滴累積而來的。

通常敢於誇下海口的人，往往不在乎工作現場的瑣碎小事；但言語過分保留的人，多半也無法放眼寬廣的未來。能兩者兼顧的人，簡直少之又少。而這樣的人，才是真正的企業家。像伊隆·馬斯克這樣敢於誇下海口，要讓人類移民到火星；又細心觀察現場每個步驟的人，才是絕無僅有的企業家。

死腦筋的供應商

SpaceX副總經理湯姆·米勒（Tom Mueller）在航空太空業界已有二十六年的工作經驗，經歷過火箭產業的風光與沒落，他在SpaceX主要負責引擎的開發。

某一天，湯姆·米勒拿了一個SpaceX使用的特殊引擎閥門給廠商估價。湯姆·米勒急著要貨，所有廠商卻都倚老賣老地說：

＊ ／ 註：剛度是指材料或結構在受力時抵抗變形的能力。比強度是材料的強度（斷開時單位面積所受的力）除以其密度。又被稱為強度－重量比。

「開發至少要一年半的時間，且費用需要數十萬美元。」湯姆·米勒說：「不行！無論如何今年夏天要交貨，而且費用必須要更便宜。」所有廠商只說了「祝你好運！」轉頭就走。

廠商辦不到，就只好自己來了。湯姆·米勒帶領的優秀組員在夏天來臨前就完成了這個特殊閥門，並且獲得認可。

就在此時，原本不相往來的廠商突然打電話來，而且還用自大的口氣說著：「那個閥門我們可以開發，你有沒有什麼事要問啊？」湯姆·米勒愣了一下，告訴他們：「不用了，我們已經做好了。」

電話那頭好像沒搞清楚狀況。湯姆·米勒再次清楚說明：「我們公司內部的技術人員已經開發出來了，也已經獲得必要的認可了，總之我們自己做好了。」說完之後，對方自己掛了電話。SpaceX在那麼短的時間內就完成開發，對廠商而言，是很大的打擊。

這件事並不讓人意外。火箭機械的製造廠商一向都是這樣耗時又耗資。但SpaceX狠狠地甩掉那些自以為是的廠商，用自己的速度和做事方法，進行火箭的開發。

亞馬遜創辦人理想中的太空

想開發宇宙的不只是伊隆·馬斯克。在網路業界成功後，朝著

宇宙前進的還有另一個人——傑夫·貝佐斯（Jeffrey Bezos）。傑夫·貝佐斯於1964年生於美國，是成立亞馬遜網路書店的知名企業家。

傑夫·貝佐斯於2000年創辦太空開發企業「藍色起源」（Blue Origin），比SpaceX早成立兩年。但他們有不同的目標。伊隆·馬斯克的目標是火星，而傑夫·貝佐斯的首要目標是亞軌道（suborbital）。亞軌道在大氣層和太空之間，距離地面約100公里。藍色起源提供的服務是發射載人火箭到亞軌道，再從亞軌道體驗數分鐘無重力狀態的自由落體。很遺憾的是，至今還沒有成功過。

傑夫·貝佐斯曾說要用便宜的價格，讓更多人體驗太空飛行。而亞軌道飛行的下一個目標就是獲得NASA協助，進行軌道太空船的開發。顯然，傑夫·貝佐斯現在面臨的問題比成立亞馬遜網路書店時還難上好幾倍。

此外，全球聞名的實業家、冒險家理查·布蘭森（Richard Branson），也是追尋宇宙的其中一人。理查·布藍森於1950年出生於英國，是維京唱片及維京航空的創辦人。他在2004年加入太空旅行事業的行列，成立維京銀河（Virgin Galactic）。他的目標和傑夫·貝佐斯一樣是亞軌道旅行，計劃平均以每人20萬美元的旅費，送500位觀光客到太空旅行。被英國女王伊麗莎白封為爵士的理查·布蘭森已開始計劃，開發未來能在軌道上迴轉的太空船。

2013年4月，在美國西岸上空，理查‧布蘭森開發的「太空船2號」（SpaceShipTwo）第一次在空中進行引擎試飛。吊掛在「白色騎士2號」（White Knight Two）下的「太空船2號」，大約上升至高度14公里後，與航空機分離。接著引擎以超音速成功噴射了16秒，又加速到音速的1.2倍，抵達高度約17公里的上空後，再滑行回到地面。今後將挑戰更高的高度，目標是高

維京銀河的「白色騎士2號」與「太空船2號」

度100公里的太空。

理查‧布蘭森曾經挑戰中途無著陸的地球一周飛行，也是史上第一個坐熱氣球橫跨大西洋與太平洋的冒險家。但比起伊隆‧馬斯克將人類送往火星的偉大目標，理查‧布蘭森仍略遜一籌。

可回收型的火箭

公開發表企業目標是件簡單的事。目標設定愈遠觀、愈宏大，股價就會跟著水漲船高。不少企業家一旦發現目標窒礙難行時，就會突然降低目標以求明哲保身，不想被蓋上失敗者的烙印。但經營者若輕易地降低目標，馬馬虎虎、得過且過，將無法提高員工的士氣。

SpaceX初入茅廬就能打下今天的基礎，都是因為伊隆‧馬斯克對火箭開發的態度始終如一，完全不曾動搖。

伊隆‧馬斯克已經對外宣布：「火箭的開發成本只要十分之一。」但他的野心不只是這樣而已。至今為止的火箭都是發射完就淘汰，因此他又對外公開了一個驚人的宣言：「我要讓火箭可回收重複使用。」

火箭的開發總成本大約有四分之三用在第一節火箭，只要第一節火箭可以回收再利用，就能大幅降低成本。道理很簡單，但

實際上卻難上加難。更何況對一家剛成立沒多久的新公司來說，首要目標應該是讓火箭成功發射；待發射成功後再思考如何降低製造成本，最後才是挑戰可回收型火箭的開發。這才是穩健的企業家態度吧？

但伊隆‧馬斯克完全不是這樣。打從一開始，他就打算開發可回收型的火箭，也不停地督促技術人員的腳步。即使「獵鷹1號」發射失敗了三次，但伊隆‧馬斯克從未放棄開發回收型火箭的目標。

SpaceX的某位主管曾說：「如果伊隆‧馬斯克願意放棄第一節火箭回收再利用，『獵鷹1號』應該可以提早兩年到達地球軌道。」他道出了公司內部的真實面。

依照梅林引擎的認可水準，這樣好的品質如果不回收再加以利用，確實有些浪費。這位主管更透露現場開發人員的艱苦奮鬥過程：「工程師看著終點就在前方，卻要繞遠路而行，徒增挫敗感。」但讓人驚訝的是，即使在這樣的情況下，伊隆‧馬斯克的想法也完全不動搖。他從不放棄開發重複使用型火箭的大目標。

用摩擦攪拌焊接法來製造燃料槽，也是因為一開始就把目標放在火箭的重複使用。發明劃時代的PICA-X隔熱板當然也是。

伊隆‧馬斯克的前妻賈斯汀，曾這樣形容她的前夫：「他不

只是一個追夢人，他會朝著夢想暴衝。他是異於常人的野心家。」

朝向更高的目標

伊隆‧馬斯克是個異於常人的野心家，他要求的工作極度困難，已經遠遠超過工程師們想像中的極限了。跟隨這樣的上司，員工絕不輕鬆。但他們終究還是達成了伊隆‧馬斯克的要求。可見伊隆‧馬斯克的個人魅力足以挑起眾人的鬥志，讓他們一起挑戰不可能的任務。

湯姆‧米勒第一次見到伊隆‧馬斯克時，對方一股腦地就問：「你認為引擎的生產成本能降到多低呢？」

湯姆‧米勒猜想伊隆‧馬斯克想聽的數字應該很低很低吧。於是他回答的更低：「應該可以降到現在的三分之一吧！」

接著伊隆‧馬斯克一句話就嚇死湯姆‧米勒。他說：「我們必須把成本降到現在的十分之一。」

事實上，伊隆‧馬斯克並不喜歡把人耍得團團轉，也不愛操控他人。他其實害羞，絕非在演講結束後可以從容離開的人。但伊隆‧馬斯克的那句話支持著所有的信念，湯姆‧米勒一聽到火箭的成本要降到現在的十分之一，心想這太瘋狂了。但他終究還是加入了SpaceX，成為伊隆‧馬斯克的夥伴。

伊隆‧馬斯克早就以「草蜢號」（Grasshopper）火箭開始進行火箭重複使用的測試。「草蜢號」是為了製作回收型火箭而準備的測試用火箭，高度約32公尺，噴射力55kN，是以「獵鷹9號」為基礎而開發的火箭。第一節火箭備有維持機身用的鋼鐵製支撐腳架四支，可以垂直上升，也可以垂直下降。

伊隆‧馬斯克的構想是，火箭飛到地球軌道後，第一節火箭就已經完成使命，此時應該轉個方向，讓引擎再點火後往發射地點回來，然後垂直降落地面。

大家應該在想「怎麼可能！那是電影情節吧？」強烈建議大家點開SpaceX的網頁看看試射的影片，那會讓人心跳急速加快。

如此巨大的火箭從地面直線上升幾百公尺，就像直升機一樣停留在空中盤旋幾秒鐘之後，又以原來的姿態慢慢地下降回到原來的發射地點。你會不敢相信自己的眼睛。

2013年6月14日，「草蜢號」火箭從地面上升325公尺後，又成功垂直下降到原來的地點。此外，同年8月，「草蜢號」火箭在上升後，機身往水平方向移動了100公尺，再往反方向水平移動回來，最後安全回到原來的發射地點。

接下來的開發會愈來愈困難，畢竟數百公尺的高度和100公里的高度相差了一千倍。要怎麼克服呢？想開發出更好的技術，就

測試用的可回收小型火箭「草蜢號」

必須比現在投入更多研究和努力。任誰都不知道有什麼方法可以解決。但很肯定的是，等著伊隆・馬斯克去克服的，又是一個大難題了。

伊隆・馬斯克又是一副淡定的樣子，說著他的夢想：「火箭如果可以像飛機一樣一天發射好幾班，這樣就不用每次都花一百多萬美元在拋棄型火箭上了。」將火箭的製作成本降到原先的1%，這才是伊隆・馬斯克的遠大目標。

The
Ambition
of
Elon Musk

CHAPTER
7

野心──將人類送上火星

「重型獵鷹號」上火星

伊隆・馬斯克的金融界好友喬治・薩克里（George Zachary）
記得，在2002年他曾與伊隆・馬斯克有過一段很有趣的對話。
當時伊隆・馬斯克正猶豫著要不要跨足太空火箭的開發，他打
電話問喬治・薩克里：「如果我說我要把老鼠送到太空去，大
家會不會覺得我很奇怪？」

喬治・薩克里反問：「那隻老鼠能回來地球嗎？」伊隆・馬斯
克只回答：「不知道耶！」伊隆・馬斯克經常天馬行空地問一
些讓對方無法招架的問題。

喬治・薩克里說：「嗯……老鼠如果回不來，應該很怪吧！」

人們如果聽到「開發載人太空火箭到火星」，有99.9％的人會覺得是開玩笑，要不就會認為那個人是怪咖吧。但伊隆・馬斯克就是那剩下的0.1％。

伊隆・馬斯克認真地想把人類送到火星，他參加了2012年在華盛頓舉行的「全國記者俱樂部」，並強烈表達：「在火星創造新的文明吧！」引起在場記者一陣騷動。他不只是狂妄敢言，而且真的打算讓登上火星成為事實。

而掌握關鍵任務的，就是超大型、超載重的「重型獵鷹號」（Falcon Heavy）火箭。「重型獵鷹號」和至今開發的獵鷹系列火箭（獵鷹1號和獵鷹9號）同樣是使用液態氧和煤油的兩節式火箭，第一節火箭兩側夾著兩座輔助火箭，就像是三架獵鷹9號火箭被綁在一起的樣子。

獵鷹9號的第一節火箭裝載了九座捆綁在一起的梅林引擎，而重型獵鷹號則裝載了27座梅林引擎。送往亞軌道的人造衛星重量也是獵鷹9號的三倍，大約53噸。發射燃料（燃料和氧化劑）則是以「交叉傳油方式」送到引擎。

交叉傳油方式的結構，是先將兩側輔助火箭裡的發射燃料同時送到中間的主要火箭和兩側輔助火箭，讓三架火箭同時向上全力噴射。之後，輔助火箭脫離主要火箭；此時搭載在第一節主要火箭的噴射燃料再送往主要火箭的引擎，進行全力噴射，持

續飛行。用交叉傳油方式將噴射燃料傳送到引擎的好處，就是可以發揮更大的發射性能。

「重型獵鷹號」火箭和「三角洲4號」重型（Delta IV Heavy）火箭非常類似，我們就來比較一下兩架火箭的差異。

「三角洲4號」重型火箭同樣也是由一架主要火箭和兩架輔助

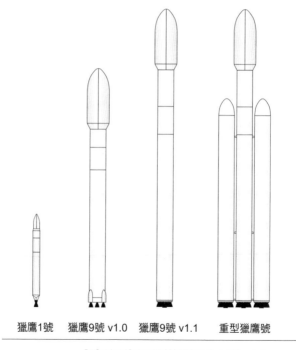

獵鷹1號　　獵鷹9號 v1.0　　獵鷹9號 v1.1　　重型獵鷹號

By Craigboy (Own work) [CC-BY-SA-3.0], via Wikimedia Commons

火箭結合而成的三機一體火箭。噴射燃料由各機身的燃料槽傳
送至各個引擎，一開始由緊貼在第一節火箭兩側的輔助火箭以
100％的噴射力全力噴射，而主要火箭的引擎卻將噴射力控制在
50％；待兩架輔助火箭脫離後，主要火箭的引擎才發揮100％
的噴射力持續飛行。

結果就是，「三角洲4號」重型火箭只能承載23噸的人造衛星送
抵亞軌道。而「重型獵鷹號」火箭以交叉傳油方式，將噴射燃
料傳送到引擎卻能承重53噸。並且採用交叉傳油方式，也是史
上第一的大挑戰。

而伊隆‧馬斯克挑戰的還包括火箭引擎。裝載在「重型獵鷹
號」上的梅林引擎從1C改良成1D，在上空的噴射力從480kN
大大提升到720kN，推力重量比也從96提升到150，估計提升
超過50％。以27座梅林引擎1D，預計將全質量約1,400噸的火
箭推向太空。

伊隆‧馬斯克不以為意地說：「住在地球以外的行星，也就是
『多行星』的想法並不是什麼稀奇古怪的事。」萬物皆由海裡
而生，之後從河川爬上岸才有人類的誕生。因此，伊隆‧馬斯
克深信，人類接下來將移民到地球以外的行星是宿命，並非天
馬行空、鏡花水月的事。因此，「重型獵鷹號」即將在2014年
發射，將是前往火星的重要里程碑。

發射中的「三角洲4號」重型火箭

中國的弊病與困境

2011年，伊隆·馬斯克又談論了一個令人振奮的話題——「為什麼美國能夠贏過中國呢？」

在美國到處都是便宜的中國製品，美國製的所有產品在價格上都無法跟中國產品競爭。但伊隆·馬斯克帶領的SpaceX成功開發出獵鷹系列火箭，且發射費用還比中國便宜。伊隆·馬斯克很有自信地強調：「這表示，美國的創新技術已經戰勝了海外的廉價勞動成本。」

伊隆·馬斯克不否認中國近年來的快速發展，但他同時也說：「企業的自主經營，才是讓美國至今仍是創新強國的原動力。」中國共產黨一黨獨裁，掌握了所有的權力與利益，也操控了國民「知」的權利，價值觀全隨著黨內的好惡而改變，因此難以產生真正的創新。中國共產黨若不停止無止盡的不當斂財與行政賄賂，認真工作的中國人只會被當成傻子而已。

麻省理工學院教授戴倫·艾塞默魯（Daron Acemoglu）在其著作《國家為什麼會失敗》（*Why Nations Fail: The Origins of Power, Prosperity, and Poverty*）中一語道破：富裕國家和貧窮國家的差異，在於國家經濟體制的不同。貧窮國家的經濟體制是擁有權力者將國家的利益當作個人的食物一般肆意奪取；而富裕國家的經濟體制則是自由、公平、公開的。

在其著作中亦提及，中國共產黨恣意拿取民眾的利益，是屬於掠奪型的經濟體制，短期內也許經濟會成長，卻不可能永續發展。戴倫·艾塞默魯同時也主張，經濟體制取決於一國的政治制度，若非民主的立法或政權交替制度，經濟繁榮也不過是曇花一現而已。

話雖如此，也不代表民主主義就是最完美無缺的制度。英國首相溫斯頓·邱吉爾（Winston Churchill）曾以他個人獨特的諷刺方式形容民主主義——「截至目前為止，若是已嘗試的所有制度都不算，民主主義真的是最糟糕的政治制度。」也就是說，當下民主主義雖不是最完美的，卻也比其它制度好太多了。

伊隆·馬斯克不被過去和權力所束縛。他相信，總有一天可以盡情地發揮創意、自主地經營企業，因此他才會在年少時就離開實施種族隔離政策的南非，遠渡重洋來到美國。

在這片土地上，他以獨特的創意挑戰太空火箭開發的工作。更重要的是，他並不是為了賺錢，而是為了開發人類的未來。

NASA的加持

無庸置疑，NASA絕對是個認真、努力不懈的國家單位，因此他們才會認真挑戰現實面的問題——「SpaceX真的以低價格完成火箭開發了嗎？」2011年4月，SpaceX對外公開了獵鷹火箭

的製造成本，引起火箭業界的軒然大波。

依照NASA的成本評估方法，把過去將近130次的發射結果資料以成本試算軟體計算，並加總一大堆零零總總的配件，再加上製造方法、技術管理、測試手法等，程序非常地複雜。

得到的結論是，如果NASA一直按照著傳統的做法開發「獵鷹9號」，需要的開發成本大約是40億美元。

倘若不採用NASA的舊式做法，並且NASA也像私人企業一樣控制成本，那還是得耗費17億美元。

那麼，伊隆・馬斯克的SpaceX究竟花了多少錢呢？不拘泥於過去且勇於挑戰的SpaceX，花了3億美元研發「獵鷹9號」、9,000萬美元研發獵鷹1號，兩者合計花費共3.9億美元。這個金額大約是NASA舊式開發方法的十分之一。

SpaceX證明了，火箭的製作成本可以比NASA低很多、很多。伊隆・馬斯克一直以來不斷地強調，要「用十分之一的金額製作火箭」，如今NASA的開發金額確確實實地印證了伊隆・馬斯克的宣言。

伊隆・馬斯克與亨利・福特的共通點

過去，伊隆・馬斯克曾在美國參議院表明：「只要使用者有需求，運送人造衛星到地球軌道的費用可以一磅500美元的價格提供。」他甚至積極地表示：「如果開發出可以重複使用的火箭，價格甚至能降低到一磅100美元。」

就像亨利・福特過去以汽車量產來降低製造成本一樣，伊隆・馬斯克以同樣模式運用在火箭上，並期望能大幅降低製造成本。

汽車大王亨利・福特將汽車大眾化，建立了汽車的王國。在此之前，所有汽車都是一台一台手工製造。是亨利・福特導入了流水線作業大量生產汽車，因此大幅降低了汽車的價格。

在1900年初，汽車是有錢人才有的奢侈品，因為全手工打造，一台要價至少3,000美元。然而亨利・福特開始重視零件的相容性，用輸送帶進行流水線作業組裝汽車，大量生產了一般大眾也買得起的福特T型車，在1908年以850美元的低價推出。這一年，美國的汽車平均售價為2,129美元，與福特T型車同等級的汽車至少也都要1,000美元；福特T型車因此大受歡迎。因為太受歡迎，訂單交貨期都已經接到三個月後了，只好無奈地停止接單。

1908年，美國的汽車市場規模約只有12萬台。十五年後的1924

年，汽車市場規模擴大到320萬台，而福特T型車的市佔率已超過60％，生產量累計超過1,500萬台，建立了美國汽車王國的基礎。回顧此後的汽車產業史，導入最新技術和降低成本成為擴大產業發展的兩大支柱。

伊隆‧馬斯克將量產化的概念導入火箭產業，他企圖將火箭大眾化。這個做法至今在電腦產業和汽車產業都是理所當然的事。SpaceX使用的引擎只有梅林引擎一種，因此大幅降低了零件成本和生產製造的成本。

一開始用在「獵鷹1號」的梅林引擎出了一些問題，經過一番分析與改良，以增加引擎的裝載數量來提升噴射力；這方法之後也應用於「獵鷹9號」及「重型獵鷹號」上。伊隆‧馬斯克的火箭開發方法不只顧及技術開發的層面，在經濟效益面也十分合理。

一般人也能搭乘的太空火箭

伊隆‧馬斯克認為，「前往火星的費用如果能大幅下降，如果只要50萬美元，應該會有很多人想買這張通往火星的門票吧！地球上已經住了70億人口，這個世紀中期預計將突破80億人。如果100萬人當中有一人決定到火星，那就有8,000人了。」

但火星不是只有經過精挑細選、通過特殊訓練的太空人才能去嗎？很久很久以前，從歐洲出發尋找新大陸時，率先啟航的就

是哥倫布和一群不知天高地厚的冒險家。真的有新大陸嗎？真的找得到嗎？任誰都沒做過的事，簡直就是一場生死交關的大冒險。

當實際找到新大陸，也知道搭船就能到達以後，就不再是冒險了。後來搭乘五月花號前往新大陸的，都是以移民為目的的一般農民和工人。

蘋果的史蒂夫‧賈伯斯曾希望研發出一般人都能上手的電腦，因此才有麥金塔（Mac）電腦的出現，因此改變了全世界。同樣地，伊隆‧馬斯克也希望完成一架一般人都能搭乘的火箭，讓大家可以移民到地球以外的行星。

前往火星的路途並不容易。SpaceX至今只發射了無人搭乘的火箭，接下來或許會有更大的危險和挫折等著他們。對於伊隆‧馬斯克的做法，在美國已有不少反對和批評的聲浪，強大的敵人正摩拳擦掌、嚴陣以待著。

對抗強敵

聯合發射公司由波音和洛克希德‧馬丁合夥成立，是SpaceX最強大的競爭對手。而洛克希德‧馬丁則是由洛克希德（Lockheed）和馬丁‧馬瑞塔（Martin Marietta）在1995年合併的新公司。就在那一年，舊洛克希德公司正式閉幕。現今的洛克希德‧馬丁，是全球軍需的供應企業，年營業額約450億美

元。近年來造成話題的最新型隱形戰鬥機F-22和F-35，都是由洛克希德‧馬丁研發製造的。

另一方面，波音公司於1916年成立，是全球最大的航空太空機製造廠商。在1997年收購了製造航空機DC-10的麥克唐納‧道格拉斯公司（McDonnell Douglas）。在原日本內閣總理田中角榮被逮捕的「洛克希德事件」*中，洛克希德公司新型航空機「三星」（Tristar）的競爭對手之一，就是這架DC-10。波音公司現在的年營業額約有690億美元，他們還參與製造軍用機「魚鷹」（Osprey），此軍用機在沖繩的美軍基地造成轟動，可垂直上升著陸的影像多次登上大螢幕。

2005年，洛克希德‧馬丁和波音兩家軍需航空企業巨頭，對外公開即將合夥成立聯合發射公司。一聽到這消息，SpaceX便毅然決然，控告他們違反「反托拉斯法」（antitrust）。

SpaceX主張：「美國兩大軍需承包企業聯手成立的聯合發射公司，將阻礙火箭發射市場上的公平競爭。」但最終的結果卻是「此行為並未違反『反托拉斯法』」──美國國防部和聯邦交易委員會的判決讓伊隆‧馬斯克心灰意冷。此後，聯合發射公

* ／註：事件源於洛克希德為了爭取訂單，在推銷新型航空機「三星」時，不惜向田中角榮等重要政治人物行賄5億日圓。導致原打算採購麥克唐納‧道格拉斯DC-10的全日空，被迫改買「三星」。田中角榮因此事件於1974年12月下台。

司便於2006年12月正式營運。

點開聯合發射公司的網站，可以看到上面記載著「以擎天神火箭和三角洲火箭，在五十年間已發射超過1,300次」。他們大書特書過去波音和洛克希德在太空火箭開發界的輝煌事蹟，存心要讓新創企業SpaceX聞風喪膽。

聯合發射公司及其關係企業一心一意地製造「打擊SpaceX」的氛圍。2013年初，甫卸任洛克希德・馬丁CEO的羅伯特・斯蒂芬斯（Robert Stephens），在某天舉辦了早餐會，聚集了多數關係企業，得意洋洋地回顧洛克希德和聯合發射公司的輝煌事蹟。那樣的場面，就算是SpaceX成功發射了「獵鷹9號」，也無法匹敵。羅伯特・斯蒂芬斯話中帶刺：「我們根本不在乎成本，如果只是在乎能不能降低火箭的成本，那只會降低發射到地球軌道的成功準確率。」這番話明顯是針對伊隆・馬斯克的經營理念。

面對競爭對手強硬又意有所指的攻擊，伊隆・馬斯克只能迎面而戰。在網路業界的成功，讓伊隆・馬斯克搖身一變成為億萬富翁；但宇宙開發無法和矽谷相提並論。對方已經張開雙手，擋住SpaceX的去路了。

但伊隆・馬斯克深信，這一切絕對有挑戰的價值。遠從南非到加拿大，又輾轉移民到美國定居的他，向美國人民喊話：「美國是個充滿冒險的國度，也是集聚人類探險精神的國度。」

在宇宙也能購物——跨行星支付系統

丹尼斯·狄托（Dennis Tito）曾在2001年以2,000萬美元成功抵達國際太空站，是民間第一個登上國際太空站的案例。他是火星飛行非營利團體「靈感火星基金會」（Inspiration Mars Foundation）的創辦人。該基金會打算以501天的時間往返火星，也積極努力，預計在2018年發射火箭。

荷蘭非營利組織「火星一號」（Mars One）公開了將人類送往火星的計畫，並特別強調「火星一號」舉辦的是單程的火星飛行，也就是之後都要在火星生活。更具體的內容是在2022年發射火箭，約七個月後抵達火星，此後在火星度過後半輩子。

這個計畫發表後，於2013年4月開放來自全世界的報名。驚人的是，兩星期內就有78,000人報名。原來在世界上，有那麼多人嚮往在火星生活。

這個結果一公開，PayPal建議，應該提供一個在宇宙間能購物的「跨行星支付系統」。如前述，伊隆·馬斯克是PayPal的創辦人之一；成立SpaceX的資金，也是來自PayPal被eBay收購後所獲取的資金。

PayPal現任CEO大衛·馬爾克斯（David Marcus）說：「當下雖然還沒有確切的發展，但大家都明白，在外太空是無法使用現金的。」他同時積極地表示：「不用等到明年，現在正是開

始構思跨行星支付系統的時候。」無論PayPal是否可以做到，光是能聯想到在地球以外的行星如何生活，就很了不起了。

美國總統歐巴馬立定了「2030年將太空人送到火星」的目標，但國民的欲望與熱情卻跑在更前面。這無疑也是催促伊隆‧馬斯克加緊腳步的力量。

伊隆‧馬斯克的「金錢使用說明書」

當你聽到伊隆‧馬斯克說著「移民火星」時，也許會想到1990年阿諾‧史瓦辛格主演的《魔鬼總動員》（*Total Recall*）。這部電影的故事背景就在火星。

故事描寫火星統治者和一般人民的社會紛爭。火星統治者擁有能源開採公司，霸佔所有利益；而人民則高喊著要自由、要解放。故事的結局是，能源開採公司的總裁——火星的獨裁者——終究被阿諾‧史瓦辛格飾演的角色打敗，火星重獲自由。

數十年之後，不知道人類會不會像《魔鬼總動員》一樣移民到火星生活？看到伊隆‧馬斯克永不妥協的意志力和行動力，或許移民火星的夢想真有可能實現。

但無論故事的舞台在火星或者它處，人類總難免會執著於金錢與權力，才會有那麼多的紛紛擾擾。金錢往往讓人利慾薰心，

讓人忘卻當年的雄心壯志，不知不覺沉迷於金錢的世界。

但伊隆‧馬斯克不一樣。

為了不讓金錢牽著鼻子走，他就好似擁有一本「金錢使用說明書」。伊隆‧馬斯克曾說，錢的真諦是「思考大家想要什麼，做出人們想要的東西，如此所有人就會開心地付錢，金錢只會流向社會需要的地方。」伊隆‧馬斯克從不去想如何增加財富，他想的只是如何運用金錢。

倘若伊隆‧馬斯克是為了賺錢才開發火箭，那麼「獵鷹火箭」肯定無法成功發射。如果他想獲得的只是金錢，就不該跨足高風險的火箭事業。

伊隆‧馬斯克表示：「如果我有足夠資金，就算不賺半毛錢，將人類送上火星的太空火箭開發，就是我最有價值的用錢之處。」因此雖然經歷了數次發射失敗，SpaceX也都咬緊牙關，熬過來了。

提供高速充電的「超級充電站」

伊隆‧馬斯克總是眾所矚目的焦點。2013年5月，他對外宣布將在全美擴建電動車專用的「超級充電站」，再次受到全球的關注。

目前在美國西岸的加州和內華達州，以及東岸從華盛頓到波斯頓等23處架設了「超級充電站」。所有充電站都緊鄰在道路旁的購物中心、餐廳、咖啡廳等商店，在充電時還可以順便用餐或購物。

伊隆・馬斯克曾在2013年2月的TED大會上，解釋這樣的安排：「一般來說，開車三小時後就會想休息個20-30分鐘。只要將駕駛時間和休息時間的比例從7:1調整為6:1，也就是說早上九點出發，中午休息時吃點東西、去一下洗手間，再喝個咖啡就可以再上路了。」

電動車最大的缺點就是無法長途駕駛，但如果能在全美各地架設「超級充電站」，就能解決無法長途駕駛的問題。因此伊隆・馬斯克也宣布：至2013年底，「超級充電站」將橫跨美國大陸，連結從西岸到東岸的主要城市；2014年要遍及北美人口80％的城市；並盡力在2015年達到北美人口的98％。

「超級充電站」使用的是90kW直流電流的高速充電，Model S電動車的85kWh型正好符合這個標準，充電30分鐘可駕駛200英里（相當於320公里）。若考慮到更快速的充電服務，只要用120kWh高速充電20分鐘，預計可駕駛3.5小時。而「超級充電站」基本上提供Model S 85kWh型充電服務，若是Model S的60kWh型則有其它選擇。

成功的法則──方便與實用

值得我們學習的產業成功個案不少。例如，蘋果開發的iPod之所以會創下輝煌的成績，不只是iPod的產品性能優異，而是他們同時也打破了音樂界的傳統做法，透過iTunes提供音樂下載服務。

不顧所有唱片公司的反對，iTunes將專輯拆成單曲銷售。並且所有歌曲都是每首0.99美元，就連零用錢不多的學生也買得起。iTunes收集了許多暢銷單曲，曲目豐富、應有盡有。消費者不必走到唱片行，在網路上隨時都可以下載自己喜歡的音樂。這就是賈伯斯的成功法則。

賈伯斯在開發iPod時，若只專注於產品性能的優劣，那iPod會變成只有Mac愛用者才知道的附屬品。

iTunes固定收取音樂銷售額的三成佣金，但一首歌不過只賣0.99美元，大部份專家都批評蘋果這樣薄利多銷毫無意義。但事情往往出人意表，如今iTunes的音樂下載量著實驚人，蘋果也在一夕間改善了公司營運，成為成功的先端企業。蘋果的創意與概念，更成為許多商業教材的成功案例。

21世紀的企業競爭不能只是強化商品的性能，宏觀思考所有面向，創造一個方便又實用的社會形態，才是成功的祕訣。

伊隆‧馬斯克曾說：「人們買車其實就是買一個方便，任何時候想去哪裡就去哪裡。但電動車的充電時間太長，想開車橫跨全美旅行時，會因為旅途太長而出不了遠門。因此必須開發快速完成充電的『超級充電站』。」

伊隆‧馬斯克並沒有因為開發了大受歡迎的電動車就滿足。若無法全面架設「超級充電站」，提供高速充電系統，就不算真正的成功。這才是他眼光獨到之處。

充電時間愈短愈好

當電動車必須充電時，也許有人連二、三十分鐘都等不了，能不能再縮短充電時間呢？

伊隆‧馬斯克又想到另一個方法──「交換蓄電池」。換掉整顆蓄電池只要大約90秒，相當於汽車加油的一半時間，就可以換掉特斯拉Model S的蓄電池組。因此伊隆‧馬斯克開始思考擴增能交換蓄電池的充電站。

伊隆‧馬斯克正在進行擴增的「超級充電站」所使用的規格，既不是GM和克萊斯勒採用的美國自動機工程協會充電規格SAE J1772之改良版「數位類比兼具連結器」（Combined Connector），也不是日本汽車廠使用的「快速充電方式」（CHAdeMO）。

這是為什麼呢？

因為全球所有汽車大廠都是把汽油車作為「主業」，電動車不過是「副業」而已。並且在開發電動車時也是小心翼翼，以不影響原本汽油車的銷量為原則。因此伊隆・馬斯克認為，「傳統汽車業無法在21世紀開發出最好的汽車。」

在20世紀經歷汽車世代的GM，就是一個很好的例子。

曇花一現的EV1電動車

GM的盛衰

GM在1996年開發了電動車EV1。第一代的EV1電動車，充電一次只能行駛大約80公里。改良後在1998年推出的第二代電動車，已經能行駛超過200公里。0-100km的加速速度約8秒，行駛性能幾近完美，時速最高可達300公里。如果只是上下班或外出購物，這個設計已足夠讓人心悅誠服了。更何況當時的充電費用只有汽油的十分之一，既便宜又令人心動。

但EV1最大的問題就是成本太高，因此GM不銷售電動車，而是以出租的方式提供給消費者。具體的月租費用為299美元到574美元不等，市場反應非常好。

是什麼原因使GM開始開發電動車EV1呢？因為當時加州政府推行「零排放車輛」（Zero Emission Vehicle，簡稱ZEV）計劃，目標是將汽車排放的廢氣降為零。

ZEV計劃正式上路後，GM能採取的行動只有兩個，一是開發不排放廢氣的電動車EV1，另一個則是透過遊說活動，促使政界人士廢止ZEV計劃。其實早在1975年，GM和其它汽車大廠就曾透過政界的力量，對日本的汽車廠商進行一連串的「拒買日本車」活動。

GM的技術人員竭盡全力開發出電動車EV1，但2000年小布希總統上任後，廢氣排放的限制竟然就失效了。那一年小布希之

所以能順利當選，全靠石油公司的支持和石油支配的特權；從小布希並未簽署《京都議定書》即可見其意向。在無視地球暖化問題的總統帶領之下，GM自然也就開開心心地結束電動車的開發工作。

GM開始回收市場上的EV1電動車，一一解體廢棄，就好像在擦掉自己醜陋的過往一般。

電動車如果賣得太好，就會影響本業汽油車的銷售，對石油公司來說也是個致命傷。一方面考慮到國際原油公司的利益，另一方面GM也想提高自家汽油車的銷售量，利益關係正好一致。不少人認為，EV1電動車就是這樣被抹殺掉了。

有部電影《誰消滅了電動車》（*Who Killed The Electric Car*），就是在描述EV1盛衰的原委：開發費用和製造成本都太高了，汽車的性能也沒有原有的汽油車好。有人認為，GM是在合理的判斷下才決定結束EV1的生產。但如果當時GM按照原定計劃繼續開發EV1電動車，也許2009年就不會宣布破產了。甚至，以GM的技術，如今應該已是全球最大的電動車廠。

GM原本是一家有野心、敢挑戰、勇於衝鋒陷陣的汽車大廠。遺憾的是，最後GM竟變成保守、無法隨機應變、一無是處的企業代名詞。

最先大量生產水冷V型八缸引擎的，是GM；最先採用安全玻璃，生產前懸吊裝置和全自動變速器的，也是GM；最先開發出燃料電池車的，還是GM！

除了汽車，GM也積極跨足其它領域。第二次世界大戰前鐵道所使用的二行程柴油引擎、太空時代來臨後「阿波羅11號」的導航系統、裝載在「阿波羅15號」的月球表面行走車，都是由GM開發的。這些GM的豐功偉業鮮少人知。

但是在不知不覺中，GM染上了大企業病，組織太過繁雜、層層關卡，什麼事都無法做出決策。曾任GM主管的約翰‧德洛雷安（John Z. DeLorean）有本回憶錄《晴日可見通用汽車》（*On a Clear Day You Can See General Motors*），內容完整地描寫出公司體制的僵硬，和一群無法因應變化的傲慢管理階層，令人不勝唏噓。

汽車產業老早就和國際原油公司結成一個堅固且掌握龐大利益與權力的關係，伊隆‧馬斯克面對的正是這樣的強敵。開發電動車時，如果只和汽油車比較性能，將會失焦而錯看重點。

21世紀的加油站

特斯拉汽車是全球唯一只生產電動車的汽車廠商，因此電動車是他們唯一的選擇。如果總是要以汽油車為優先，電動車的未來就永遠無法實現。伊隆‧馬斯克本就不曾在汽車業工作，也

從未想過要生產汽油車。

但他在網路業界比任何人都經歷過更多創新的方法,所以他說:「真正的創新來自完全不同的領域。」正因為伊隆・馬斯克是新手,才能逆向思考,完成開發。SpaceX的火箭開發就是最好的證據,正因他的做法和傳統的做法完全不同,火箭成本才得以大幅下降。

通常電動車充電站用的電源來自當地的電力公司,但伊隆・馬斯克打算在每個「超級充電站」架設大型太陽能面板,利用太陽能面板所儲存的電力,充電到特斯拉公司生產的電動車。

美國的電力供應比日本更邁向自由化,民間也可成立供電事業。此外,「超級充電站」提供電動車充電後,剩餘的電還可以轉賣給其它電力業者賺取利益。如此一來,補充汽車燃料的「加油站」經營模式,將會完全改變樣貌。

數十年來,都是油罐車千里迢迢地把汽油載到加油站,再把油加進汽車裡。如果電動車專用充電站一直停留在原來的思考模式,就不會有任何突破性的進展。

如果電動車的充電站不只能提供充電,也可以利用太陽能發電賺取利益,應該會有很多人想跨足這項事業。近觀日本的情況,加油站的「2013年問題」在日本鬧得沸沸揚揚。由於2011年消防法修正案正式實施,為預防漏油事件的發生,使用超過

四十年的燃料地下管線依法必須重新改建裝修。但改建裝修需要不少費用，導致大多數加油站不得不選擇結束營業，形成相當大的社會問題。結果窮鄉僻壤找不到半家加油站，令居民非常困擾。所以，開始起變化的不只是美國而已。

伊隆・馬斯克構想的「超級充電站」若要在全美拓展，同樣需要龐大的資金，絕非易事，但絕對有其價值。他的構想如果能實現，附近就會多出很多電動車專用充電站，如果可以免費充電就更好了。此後世人將對電動車另眼相看，BBC《頂級跑車秀》的批評，也將成為老派過氣的論調。

以太陽能發電供電的充電站，其太陽能發電面板是由美國太陽城公司（SolarCity）負責架設。

太陽城是伊隆・馬斯克投資的另一家公司，這家公司的創辦人是他的表弟林登・瑞夫。兩人的母親是雙胞胎姐妹，林登・瑞夫曾是水底曲棍球（Underwater hockey）的南非選手代表。他為什麼會對太陽能發電事業有興趣呢？

對太陽的信仰

林登・瑞夫在南非的普勒托利亞長大，家中排行老三，上有兩個哥哥、下有一個妹妹。他有兩項與生俱來的能力。

第一項是經營方面的能力。他在17歲那年就接觸買賣，開始銷

售養生食品。卻因為生意太忙,高中幾乎都沒到學校上課,差點就被退學了。幸好當時得到校長的諒解,林登・瑞夫才能順利畢業。

第二項是體育方面的能力。尤其他在水底曲棍球的表現非凡,在南非非常出名。水底曲棍球是英格蘭發起的水中運動項目,在泳池裡由兩組隊員互相較勁。在游泳池底將冰球(puck)一個個推進指定的位置,推進球數較多者獲勝。戴上蛙鏡、穿上蛙鞋,裝上潛艇換氣的呼吸管,手拿像是曲棍球球棍的「螺旋槳」,開始推動冰球。

1998年,林登・瑞夫被選為水底曲棍球世界盃競賽的南非代表,這也是他第一次有機會踏上美國的土地,來到聖荷西。身為體育選手的林登・瑞夫非常好動,在這次旅程中他愛上加州的璀璨陽光並決定移民美國。於是,他和當時已在矽谷工作的哥哥羅索・瑞夫(Russell Rive)一起創辦永恆夢想公司(Ever Dream),開發可遠距離操作的電腦維修軟體。他的另一個哥哥彼得・瑞夫(Peter Rive)也是電腦軟體工程師,隨後也加入永恆夢想公司一起拓展事業。

永恆夢想公司的經營雖然馬馬虎虎、還過得去,但林登・瑞夫認為,以長遠發展來看有其困境。於是決定將公司賣給戴爾(Dell)電腦。

林登・瑞夫是什麼時候開始對太陽能發電感興趣的呢?2004

年，他與伊隆·馬斯克一起開車橫越沙漠參加「火人節」
（Burning Man），那是一場奇特且野性的活動。火人節是在
遠離塵囂的沙漠地帶，和一群不認識的人共同生活大約一星
期，在這期間彼此互助，透過雕刻或繪畫等獨特的自我表現重
新審視自己，也可藉此發現新的自己。

在前往參加火人節的車上，伊隆·馬斯克建議表弟：「要不要
順便去調查一下太陽能能源有多大的商機？」這就是成立太陽
城公司的開端。

兩年後，在7月4日美國獨立紀念日這一天，林登·瑞夫正式
成立美國太陽城公司，同時對外公開表示要徹底地遠離石化燃
料。伊隆·馬斯克就是這家公司的董事長。

一直以來，伊隆·馬斯克都是太陽的信奉者。他強調：「也許
大家從來沒發現，世界本就是依附著太陽能源在轉動。如果沒
有太陽，地球的絕對溫度只有3K（−270℃），是個冰凍的世
界。水也是因為太陽的力量而循環。綜觀整體生態系統，都依
太陽能源而循環轉動。」

住家屋頂就是發電廠

美國太陽城公司並沒有研發製造太陽能發電面板，而是提供在
一般住宅或公司的屋頂架設太陽能面板的服務，讓顧客支付的
電費可以變得更便宜。也就是說，一般住家的屋頂就是「發電

廠」，讓客戶得以擺脫各地電力公司的獨佔，並減少二氧化碳排放。

觀察太陽能發電的市場，並沒有多少人有能力以現金購買高價的太陽能系統。因此，美國太陽城公司決定以出租太陽能面板的經營模式，早一步領先太陽能發電市場。因為是出租，所以太陽能面板的架設費用免費，出租期間為二十年。此外，還提供觀測住家電氣使用量的附加服務。當然，除了出租，顧客也可以選擇買斷太陽能面板。

若以「出租」模式經營，首先需要大筆資金。林登・瑞夫向美國合眾銀行（US Bancorp）和美國銀行（Bank of America）等順利籌措到總計高達17億美元的鉅額資金。在眾多投資者之中，有人是基於對永續能源的期待；但也有人是因為伊隆・馬斯克所帶領的SpaceX和特斯拉汽車都成長茁壯，因此才出錢投資。事實上，林登・瑞夫確實在很多方面都會請教伊隆・馬斯克。

看似一切都很順利，但經營太陽能發電事業並非一蹴可幾。進入這個領域後，因業績不振而面臨破產的企業也不在少數。

舉例來說，Solyndra公司2005年在加州成立太陽能面板開發事業，開發出螢光管大小的圓筒形太陽能面板。圓筒形太陽能面板不只可以收集直射的陽光，還能360度收集散亂的光線，發電效率非常高，也很容易架設。在日本有正式的代理經銷門市，

和大阪大學先端科學創新研究院也進行產學合作計畫。美國能源局對Solyndra公司實施5.35億美元的融資保證，2011年5月歐巴馬訪問該公司時，也強力表達了美國政府的期待和支援。

結果Solyndra終究還是敗給中國面板廠商的低成本、低價格競爭。四個月後，在2011年9月6日宣告破產，負債總額高達7.838億美元。在歐洲也有同樣的情況。歐洲企業接二連三敗給中國製造的低價格太陽能面板，國家提供的綠能補助金全落入中國企業手中、問題層出不窮，也在各地變成新聞話題。

未來的發展性雖令人滿心期待，但事業經營卻也戰戰兢兢、如履薄冰，這就是太陽能發電事業的特色。

在這樣的環境之下，太陽城公司在2011年推出「強力太陽能源計畫」（Solar Strong Project）。這個計畫為期五年，預計在全美國12萬戶軍用住宅投入10億美元，架設最高300兆瓦（megaWatt）的太陽能面板，並以低於公用電力的價格提供太陽能電力。這個計畫若能順利執行，將會是美國史上規模最大的太陽能事業。此外，最大搜尋網站Google也投資了太陽城公司2.8億美元。可見大家對太陽城公司的期待愈來愈高了。

2012年12月，太陽城公司在創業後的第六年，股票正式上市。而在這個世上，又多了一位以綠能拯救地球的野心家──林登‧瑞夫。

The
Ambition
of
Elon Musk

願景──拯救地球

特斯拉終於轉虧為盈

回想伊隆・馬斯克當初投資特斯拉汽車時，抱持的信念是「透過電動車和太陽能發電的普及化，從此遠離對石油的依賴、延緩地球暖化，如此才有更充裕的時間實現登陸火星的願望。」但無論是電動車、太陽能發電，或是將人類送到火星居住，每一個都是驚人的大計畫，因此必須確實地逐一實踐。

特斯拉汽車自2003年創業以來就連年虧損，直到2013年的第一季（1-3月）才首次轉虧為盈，創下盈餘。當季的營業額為5.62億美元，較去年同期比成長了83％，利益總額有1,100萬美元。這個利益盈餘來自Model S系列車款的大量銷售，Model S系列的銷售台數超越競爭對手賓士的S系列和BMW的7系列，同時

也震驚了整個汽車業界。

這是特斯拉汽車公司成立第十年的驚人成績，伊隆·馬斯克在推特上對一直以來支持特斯拉的顧客和投資家們表達一長串的謝意，最後寫下一句：「沒有你們，就沒有特斯拉。」

他深深體會到，沒有來自各方的支持和鼓勵，企業不可能茁壯，也不可能穩坐泰山獨當一面。

同年第二季，特斯拉公司雖然虧損了3,050萬美元，但Model S的銷售量多達5,150台，超乎預計的4,500台，營業額約有4.0514億美元，為去年同期的15倍之多。因為還清了向國家的融資借款，因此當季平均每股盈餘呈現負0.26美元，如果加上已扣除的還款金額，特斯拉汽車的當季盈餘應有2,628萬美元，平均每股盈餘可達到正0.20美元。這個數字超過投資分析家的預測，這一天特斯拉公司的股票收盤價有一瞬間超過了15％，令所有投資人雀躍不已。

提早還清國家貸款

特斯拉公司向美國能源局以低利融資「先端技術車輛製造計畫」（ATVM）借進了4億美元，開發了Model S電動車。

美國能源局推出ATVM計畫，合計對外融資了80億美元。除了福特汽車和日產汽車，以開發插電式雙動力汽車為主的新手企

業Fisker公司，也獲得1.92億美元的融資資金。但Fisker卻在那之後的經營問題陷入危機。

Fisker公司的經營窘境成為共和黨攻擊歐巴馬政權的題材，在2013年4月召開的公聽會上，上演了一齣共和黨議員指責歐巴馬不該將國家資金融資給Fisker公司的戲碼。

一個月後的5月22日，特斯拉汽車公開表示：「向政府借來的4億美元融資金額已全額還清。」這個發言又引起媒體一陣譁然，因為距離還款期限還有九年，特斯拉汽車竟提早九年還清所有借款。

另一方面，向政府借入59億美元的福特汽車透過媒體表示：「我們會遵守融資條件，但沒有計劃提早還款。」表明了已經借進來的錢，能用多久就要用多久的心態。

為什麼伊隆‧馬斯克要那麼快就把貸款都還清？他說：「這些援助資金都是從國家的稅收而來，我們有義務儘早還清納稅人的錢。」他還補充說明道：「但如果我們考慮的是景氣好不好，那就不該提早還款。」

暢銷的性能，暢銷的設計

特斯拉汽車的營業項目不單單只是電動車的製造與銷售，還包括賣給其它汽車廠商的蓄電池、變頻器、電動馬達等電動車的

的「動力傳動輪系」。

例如，豐田汽車將小型運動休旅車RAV4改裝成電動車車款RAV4EV後，於2012年在全美開始銷售。這款電動車是特斯拉和豐田花了22個月的時間，聯合開發的100％電動休旅車。RAV4EV以原來的RAV4車款為基底，儘量不做任何設計變更，腳踏板下安裝的是特斯拉開發的鋰離子蓄電池組，最大輸出可

豐田的電動車RAV4EV

達156馬力；所使用的動力傳動輪系也和特斯拉的Model S一樣。

2013年上半年度，特斯拉汽車對外銷售動力傳動輪系的營業額約為276萬美元。

此外，由於加州政府推出ZEV計劃，規定所有汽車廠商在總銷售中必須有一定的銷售比例要符合此計劃；因此特斯拉還可以出售「廢氣排放權」給一些無法達到ZEV計劃規定之銷售比例的汽車廠商。在2013年上半年度，這些排放權的收入又為特斯拉賺進了101萬美元。

還有一件可喜可賀的事。特斯拉的Model S獲選為2013年的「年度風雲車」（Car of the Year）。沒有交際應酬或事先買通評審等走後門的行為，特斯拉以汽車性能和設計獲得這項殊榮，可謂實至名歸。此外更獲選《時代》（Time）雜誌「2012年前25大發明」等諸多大獎。但隱藏在這些榮譽的背後，有個令人想都想不到的陷阱——這次是《紐約時報》（New York Times）。

《紐約時報》的惡意報導

2013年2月，《紐約時報》刊登了一篇嚴厲批評的報導，指出「向特斯拉公司借來的Model S，在行駛途中突然沒電，陷入不得不叫道路救援車的窘境。」話題再次炒得沸沸揚揚。

這篇報導應該叫做《紐約時報》記者約翰‧布羅德（John Broder）的行車歷險記。先在東岸德拉瓦州紐渥克的「超級充電站」充電後，目標設在大約前方200英里（322公里）的康乃狄克州密佛鎮。記者要駕駛Model S前往，並確認其性能。

記者約翰‧布羅德試乘的是裝載85kWh電池的車款，一次充電可行走265英里（約426公里）。也就是說，只要充足一次電就能開車抵達目的地。可是記者約翰‧布羅德卻在行車過程中出了狀況。

當天記者拿到車，在德拉瓦州的「超級充電站」充飽電後出發。但開了大約68英里（109公里）後，就發現儀錶顯示的可行車距離只剩下85英里（137公里）。

於是他按照特斯拉的操作手冊執行。車外溫度是零下冷颼颼的天氣，但車內空調卻必須調為「低」；時速限制是65英里（104公里），車子的行駛定速器卻必須調低到54英里（87公里）。這個速度比一般行駛中的汽車還慢，而且開在車道最右側的Model S又是大紅色的。超車過去的駕駛，都在看這台車速又慢、顏色又醒目的龜速車。

快回到紐約時，記者眼見所剩電量愈來愈少，馬上打電話到特斯拉公司求救。按照特斯拉公司的指示，他將行駛定速器關掉。但其實在那之後，特斯拉的高層有出面修正當時的指示是

錯誤的。總之，車內冷的不得了，記者的腳凍僵了，指關節也變白了。

記者在曼哈頓休息片刻後，又開始駕駛Model S出發。之後他在格羅頓吃了晚餐，決定在此休息一晚。此時他確認了剩餘電量，還可行駛90英里（144公里）。但隔天一早，儀錶顯示的可行車距離又變成25英里（40公里）了。

最後，記者叫了道路救援把Model S拖回去，且行駛中一直被電量儀錶的顯示搞得暈頭轉向。他在報導的總結寫下：「下次要試乘的人，一定要多穿點衣服。」語意極為諷刺。

如果這些都是事實，那對特斯拉汽車和伊隆・馬斯克將是嚴重的致命傷。

事實不是這樣！

伊隆・馬斯克立刻反擊。電動車和汽油車不同，不用半滴汽油的特斯拉Model S，就等於是一台會跑的電腦，行駛中的資料都有完整紀錄，行駛車速、充電狀態、行駛過的道路等資訊，都詳細記錄在電腦裡。伊隆・馬斯克將資訊調出，依據電腦資料，一一指出《紐約時報》記者的矛盾之處。

關於記者指出：「Model S沒電，不得不呼叫道路救援。」伊隆・馬斯克的回應是，在資料上並沒有電力不足的紀錄。此

外，關於「將行駛定速器設定在54英里」的報導，在電腦資料中的紀錄卻顯示「行駛車速為65-81英里」。

更何況電池一開始就沒充滿100％。根據紀錄，第一次充電僅90％，第二次只有72％，第三次也只有28％而已。每一次都是充電不足。

伊隆‧馬斯克公開所有具體的行駛資料，一一反駁：「電池一直都沒有不足的紀錄，充電也始終不曾充滿100％。實際駕駛速度比記者所描述的更快，車內溫度也一直很高。」伊隆‧馬斯克嚴厲地指出，《紐約時報》的報導簡直就是一篇「充滿惡意的負面評論」，並且因為這篇荒誕無稽的報導，特斯拉已經背負了1億美元的損失。

伊隆‧馬斯克接受各家媒體採訪，他表示：「由於《紐約時報》的報導，Model S的訂單取消將近1,000台，每台價格大約5萬到9萬美元不等，初步估計大約損失1億美元。」此外，特斯拉的股價也大受影響，提供金融資訊服務的彭博（Bloomberg）指出，特斯拉的股價現價總額，減少了5.53億美元。

對於伊隆‧馬斯克的反駁，媒體巨擘《紐約時報》一開始態度十分強勢。但當所有輿論都相信特斯拉提出的資料數據時，《紐約時報》不得不舉白旗投降，刊登修正報導如下：「由於記者約翰‧布羅德的判斷錯誤，先前的報導缺乏真實性。」

抗拒改變的人們

伊隆・馬斯克比任何人都了解輿論的重要性。當然，他也領教過要如何才能吸引所有人的目光。在Model S剛推出的時候，他曾舉辦雞尾酒會，招待許多電影界和音樂界的名人。

包括電影《鋼鐵人》系列的導演強・法瑞（Jon Favreau）、《駭客任務》（*The Matrix*）等多部知名電影的製作人喬・西佛（Joel Silver）等。當五百多位大人物齊聚一堂時，媒體自然會爭相報導。

人氣搖滾樂團「嗆辣紅椒」（Red Hot Chili Peppers）的主唱安東尼・基頓（Anthony Kiedis），是特斯拉Roadstar的熱情車主。他在酒會上一見到伊隆・馬斯克，就一身火藥味地說：「Roadstar有一點不好。」他到底要說什麼？身旁的人都捏了一把冷汗，這時安東尼・基頓才說：「買了Roadstar之後，以前那台保時捷就被打入冷宮了。」他用他獨特的幽默讚美了Roadstar，也讓身旁的人哈哈大笑。這又成了記者們的報導題材。

推出一個前所未有的新產品或新服務時，若是不到處宣傳，陰晴不定又被動的「輿論」是不會留意到的。想要引人注意，就必須要下一點工夫。

舉例來說，松下幸之助苦心開發的「手提方型燈」於1927年上市時，當時仍是小企業的松下電器不可能付得起宣傳費，但松下幸之助仍利用報紙廣告宣傳吸引消費者的注意。手提方型燈大賣之後，即成為松下電器快速成長的關鍵產品。

蘋果的賈伯斯在推出令人耳目一新的麥金塔電腦時，他選擇在足球聯盟「超級盃」宣傳產品。60秒的電視廣告，有將近一億人收看，打到電視公司的詢問電話蜂擁而至。麥金塔創造了電腦的歷史。

伊隆‧馬斯克無時無刻都在對抗現有的體制。開發太空火箭的SpaceX，必須對抗洛克希德和波音；開發電動車的特斯拉，必須對抗GM等汽車大廠和國際原油公司。除此之外，像《紐約時報》或BBC那樣的錯誤報導出現時，伊隆‧馬斯克也會馬上提出證據抗議。伊隆‧馬斯克十分清楚，這些都是和開發汽車、火箭無關的瑣事，但若視而不見，只會讓事情愈變愈嚴重。

2011年2月，美國運輸安全局（TSA）公布豐田汽車在駕駛中突然加速之問題的調查結果。在運輸局公布結果的前一年，全球媒體大肆報導了拒買豐田汽車活動、大量汽車召回、集體控告豐田汽車等話題。

然而，美國運輸局最後公布的結果是：「豐田汽車的電子操控裝置沒有任何缺陷。」經過NASA和美國高速公路交通安

全局（National Highway Traffic Safety Administration，簡稱
NHTSA）為期10個月的調查後，並未發現任何電子操控裝置
有問題；突然加速而引起的事故，幾乎是因為駕駛操作錯誤而
發生的。

美國運輸局公布的調查結果令人錯愕。許多人都忍不住想：
「那麼這陣子拒買豐田車的騷動算什麼呢？」

平心而論，就算豐田汽車始終堅信自家產品沒有問題，但其
應對方式並不恰當。這些拒買豐田的惡意報導，和BBC攻擊
Roadstar、《紐約時報》攻擊Model S的例子十分相似。

豐田汽車在該反擊時不反擊，任由美國當局擺佈。雖然身為大
企業的豐田，或許能平安度過難關；但若換作是經不起折騰的
新創公司，早在沈冤得雪之前倒閉了。因此，該反擊時，就該
要適時反擊。

任何新產品一旦出現，就有可能威脅到既有產品的經營。換句
話說，既有的經營模式早在市場上形成理所當然的「常識」
了，因此當新產品出現，或新技術產生時，既有產品的企業會
以「常識」將新產品歸類為不良品，以守住現有的市場。

再加上，媒體為了顧全廣告收入來源，多半會選擇站在既有產
品企業那一邊。看看有關核能發電的報導便可略知一二。

總而言之，新產品若要贏得大家的認同，企業就該在錯誤報導出現時馬上澄清，該反擊時就得反擊。如果任由輿論胡亂散播錯誤訊息，使過氣的舊產品得以屹立不搖、無須退出市場，世界就無法向前邁進。

成立多家公司，不斷在各領域創新技術與產品的伊隆・馬斯克，對此必然有深刻的體悟。面對巨大的敵人，他隨時準備出擊。

特斯拉的關鍵時刻

伊隆・馬斯克的眼光總是投向未來，無時無刻思考著未來發展的可能性。特斯拉推出的第三款新型電動車，是四門四輪傳動的運動型休旅車，取名為Model X。單體結構輕量型運動休旅車的車身、底盤和動力傳動輪系，都和Model S相同。

三排座椅的七人座Model X，特別吸引人注意的是，車門朝著天空的方向打開，就像海鷗展翅飛翔一樣。這個一般稱為「歐翼」（Gull-wing）的車門設計，讓後排座位更容易進出；特斯拉則稱此設計為「鷹翼」（Falcon Wing）車門。

蓄電池有60kWh和85kWh兩種。雖說是休旅車，但最大加速性能0-97km/h達4.4秒，加速速度可匹敵保時捷911車款的4.6秒。

Model S屬後輪驅動，Model X則是四輪傳動。蓄電池60kWh型的持續行車距離可達338公里，而85kWh型的持續行車距離可達435公里。非常持久耐跑。

Model X是特斯拉首次採用雙馬達四輪傳動系統，其前輪和後輪的中央各配置一組轉動馬達；在車子打滑時，轉矩和動力會抑制運轉。Model X和Model S大約有60％的零組件是共通的。預計2014年開始生產。

伊隆‧馬斯克表示，Model X雖是以Model S為基底設計開發的，但開發成本還是耗費將近2.5億美元。

Model X

估計未來Model S的規模會慢慢縮小。緊接在Model X之後計劃推出的第四款，是一般國民車，預計2016年或2017年開始生產，價格大約在4萬美元左右。

一開始的計畫，是希望將國民車的價格設定在2至3萬美元之間。但實際生產Model S之後才發現，這價格太低了，難以達成，因此決定修正價格設定。伊隆‧馬斯克表示：「開發成本至少得花10億美元。」接下來，才是真正的關鍵時刻。

4萬美元的車難以稱得上國民車，如何提高銷售量呢？接下來面對這個現實面的問題時，伊隆‧馬斯克會怎麼做呢？

無論如何，伊隆‧馬斯克和特斯拉員工當下的首要任務是，提高Model S的銷售量，以達成年度結算盈餘。至少也要達到營銷利益不虧損。其次是讓Model X如期在2014年上市，同時「超級充電站」也必須按照計劃，普及到全美各地。

頁岩革命──是能源革命，還是走回頭路？

近年來，頁岩氣（頁岩層中開採出來的天然氣）和頁岩油（蘊藏在頁岩層中的天然原油）先後嶄露頭角，這就是所謂的頁岩革命。「石油在不久的將來將使用殆盡」的話題不斷，若從頁岩中開採出類似石油的燃料，舊式汽油車一樣可以繼續在路上行駛，到時電動車的市場會有什麼變化？在那之前，電動車會

先取代汽油車嗎？

歐巴馬在上任之後馬上推出「綠色新政」（Green New Deal），投入總額高達7,870億美元的財政支出，加倍生產風力發電和太陽能發電等再生能源，進而創造出50萬人的就業機會，是個史無前例的超高額景氣復甦政策。

但就在美國中期選舉失利和頁岩革命出現後，「綠色新政」的實施趨緩。正確來說，應該是歐巴馬因應局勢變化，改變了施政方針。

在2014年的年度預算案中，綠色能源的相關預算雖大幅增加，但從美國國會的政治亂象看不到未來，也是個不爭的事實。

例如，對石油和天然氣企業近40億美元的補助金，自始以來都是美國政府提撥的款項。民主黨提議撤銷這筆補助金，但因共和黨反對，導致此提議成了廢案。所有綠能相關人士都非常失望。想推動綠色能源的民主黨，和死守石油的共和黨今後依然是敵對狀態，兩黨的對峙情勢將影響歐巴馬的施政重心。

無論誰當總統，也無論政府有任何決策，伊隆·馬斯克的信念都不會動搖。

就算是頁岩革命、就算從地底深處挖出頁岩氣，但燃燒石化燃料就會產生二氧化碳的道理不變，使用化學物質造成污染公害

的問題也不變。伊隆·馬斯克認為，頁岩氣終究也有挖掘殆盡的一天，開發並使用不會導致地球環境惡化的永續能源，才能保護人類居住的地球。

所謂的商業，就是預知未來的賭注。賭對了，股價飆高；緊接著，人們就會紛紛預測，甚至有人會沉不住氣地說三道四。

看著特斯拉汽車一步步地成長，不少媒體開始東拉西扯地談論特斯拉的未來。而汽車產業三大巨頭（GM、福特、克萊斯勒），卻明白表示和特斯拉的敵對關係。

堅守著新創企業的精神，特斯拉成功了。但也有人擔心，特斯拉會不會在不知不覺中也變得高傲，變得像GM那樣？

針對這類關心，伊隆·馬斯克很冷靜地表示：「特斯拉還只是一間小小的公司，不需要害怕汽車大廠的圍攻。反而是他們該擔心，會不會有模仿特斯拉的競爭者出現。由於特斯拉的成功，豐田開始擔心BMW的動向，GM也開始關心本田汽車的一舉一動，大家都不想錯過電動車的潮流和機會。」

改寫歷史，拯救地球

過去，GM、福特、克萊斯勒等三大汽車廠在全盛時期時，美國底特律仰仗著汽車產業而發達，收入甚為可觀，在美國是極為富裕的城市。「底特律」儼然是汽車產業的代名詞。但就在

2013年7月18日，底特律宣布破產；同年12月3日獲法院批准。負債總額超過180億美元，成為美國史上申請破產的最大城市。

隨著汽車業三大巨頭的沒落，地方財政也隨之惡化。失業人口劇增，犯罪率居高不下；眼見路上行人遭槍殺，路人趕忙打電話求救，救護車竟遲遲不來；甚至有人被棄置於路旁無人聞問，報警後，竟等了一個小時警察才趕到。人心惶惶，底特律已不適於居住。底特律人口最多時大約有185萬人，現在已減少了六成以上，失業率卻反而增加到20％。

1960年代，底特律因為汽車產業的興起而快速繁榮。但在此期間，他們怠於開發新產業取代汽車產業，因此才淪落至今日的境地。底特律的貧窮比率，已高達40％。

無法提升產業結構，以至於愈來愈貧窮，這並不只是底特律的問題而已，許多地方都有同樣的弊病。

例如以「夕張哈密瓜」聞名的北海道夕張市，在2007年發生財政危機，被指定為財政重建地區。該地人口逐年高齡化，稅收因而一年比一年少，結果財政問題嚴重到無可救藥的地步。

夕張市過去是因煤礦業而繁榮的城市，在山田洋次導演的電影《幸福的黃手帕》中，男主角高倉健所扮演的島勇作，就是在夕張的煤礦工地工作，此處就是美麗故事的舞台。

由於煤礦業的景氣，人口激增，基礎公共建設大量擴充；煤礦業是夕張市的支柱。但由於時代變遷，石油漸漸取代了煤炭，礦坑也一處一處地關閉。到了1990年，最後一個礦坑「三菱南大夕張礦坑」關閉了。回首過去煤礦業繁榮時，夕張市比其它地方擁有更多的財政收入，但無論是政府還是市民，都沒有居安思危，轉向其它產業發展。不知不覺中，夕張沒落了。

大約同時期，有則新聞報導日本的對外負債已超過1,000兆日圓，但這並未讓人驚覺事態嚴重。大多數人只是認為，日本的對外負債本來就一直在增加，現在只是剛好達到1,000兆日圓這個整數而已。

整個日本，已經陷入「溫水煮青蛙」的狀態了——一如底特律，也一如夕張。但抬頭看看周圍，又豈止是日本？全球、全人類都處於如此的狀態，亟需新做法、新變革。

伊隆‧馬斯克眼看石化燃料燃燒後，四處飄散的二氧化碳不斷破壞地球環境，他秉持著要制止環境惡化的信念，成立特斯拉製造電動車，成立太陽城努力普及太陽能發電系統，更創辦了SpaceX開發獵鷹火箭，誓言將人類送上火星。

回顧歷史，至今有多少企業家和發明家站上歷史的舞台？

愛迪生發明白熱燈泡，成立發電廠，迎來了電氣時代。洛克菲勒建立了石油的世紀，汽車和化學產品蓬勃發展。賈伯斯以蘋

果的眾多產品，改變了人們的生活型態。他們以卓越出眾的創造力和行動力抓住了機會，名留千史。

但仔細想想，他們只是滿足人類想要更方便的欲望。是在這個星球上創辦某個特定產業，全都是以在地球上生活為前提。

但伊隆‧馬斯克挑戰的卻是前所未有的事業，已超越地球的範疇，跨足到無邊無際的太空宇宙了。

伊隆‧馬斯克童年時經常沉浸於《魔戒》等小說，故事主角總是為了使命感全力奮戰，深信可以從黑暗的邪惡中拯救全世界。而今，伊隆‧馬斯克也正堅持他的使命，挑戰強敵，試圖解救深陷危機的全人類。

The
Ambition
of
Elon Musk

ELON
MUSK

結語──全人類的革命時代

伊隆·馬斯克正在挑戰的任務,已經超越《鋼鐵人2》的主角東尼·史塔克了。

人類如果按照現在的速度繼續增加,地球持續暖化、自然環境不斷被破壞,移民火星勢必成為可能的選項。但現在還沒有火箭能抵達火星,必須多爭取一點時間、努力開發。因此同步開發並普及電動車與太陽能發電,讓二氧化碳和廢氣不再繼續排放,以阻止地球暖化。

為此,伊隆·馬斯克成立特斯拉,將原本陽春的電動車,變得像跑車一般耀眼,吸引了眾人的目光。他還在全美各地架設超級充電站,讓電動車也能長途駕駛。而充電站的電源則來自太陽城公司架設的太陽能面板,形成自給自足的供電模式。

SpaceX大量生產太空火箭，將其商品化大眾化。為了把成本壓低到原本的百分之一，更試圖開發可回收重複使用的火箭。終極目標是將人類送上火星。

伊隆‧馬斯克投入的任何一項事業都得耗費鉅資，更需要極為高端的精密技術，一般私人企業無法承擔，一般人更難以理解。他真的能夠改變全人類的命運嗎？許多人都抱持這樣的疑問，但目前誰都無法預測。

可以斷言的是，伊隆‧馬斯克真正的挑戰才剛開始。如果用馬拉松來比喻，他才跑不到一公里，前方在等待他的路程，既苦且長。

舉例來說，SpaceX真的能發射載人火箭嗎？那是什麼時候？就算真的成功發射了載人火箭，除了火箭技術之外，也還有更多困難必須解決。

首當其衝的，就是太空輻射對人體的影響。

從地球到火星的最短距離至少有5,600公里，最長距離可達4億公里。要抵達火星，得花上好幾個月的時間。長期曝曬在太空輻射下，誰都不知道對身體會有什麼不良影響。此外，相信大家都看過類似報導，長期停留在國際太空站的太空人在回到地球後，發現自己的肌肉變得軟弱無法自行站立，還有骨質疏

鬆、視力退化、頭蓋骨內壓力變大等問題產生。再加上，長期處於密閉且狹小的空間裡，精神上、心理上產生的問題還有待解決。

另一方面，開發電動車的特斯拉又有什麼問題呢？頂級跑車Roadstar已經轟動上市，四門房車Model S也銷售順利。

但即使Model S的年生產量已達3萬台，可是2012年全北美自用車的生產量大約有410萬台，Model S在北美的市佔率不過0.7%而已。若再以世界規模來看，Model S的市佔率連0.05%都不到，規模之小微不足道。以一家汽車公司而言，產量必須達到數十萬台，才能稱得上是有威脅性的大廠。

再者，太陽能發電面板真的能用二十年嗎？綠能產業一直以來都依賴政府的補助金支撐，未來還有很多不確定的因素需要一一克服。

我們的社會充滿了壅塞感，大家追逐著同樣的生活──工作者，日復一日地延續著昨日未竟之事；年長者，煩惱晚年何以依靠……。

但看著伊隆·馬斯克所追尋的夢想、以宇宙為中心的巨大挑戰，我們或許就能覺察，自身的煩惱竟是如此微不足道。我們正處於人類史上最大變革的時代，或許轉瞬之間，世界就會邁入一個新的紀元。

PED0382

發明未來的鋼鐵人——伊隆‧馬斯克傳
イーロン・マスクの野望—未来を変える天才経営者

作　　者─竹內一正
譯　　者─連宜萍
主　　編─陳盈華
美術設計─莊謹銘
執行企劃─楊齡媛
副總編輯─丘美珍

董 事 長─趙政岷
出 版 者─時報文化出版企業股份有限公司
　　　　　108019臺北市和平西路三段二四〇號三樓
　　　　　發行專線─（〇二）二三〇六六八四二
　　　　　讀者服務專線─〇八〇〇二三一七〇五・（〇二）二三〇四六八五八
　　　　　讀者服務傳真─（〇二）二三〇四六八五八
　　　　　郵撥─一九三四四七二四時報文化出版公司
　　　　　信箱─10899臺北華江橋郵局第九九信箱
時報悅讀網─http://www.readingtimes.com.tw
法律顧問─理律法律事務所　陳長文律師、李念祖律師
印　　刷─紘億印刷有限公司
初版一刷─二〇一四年八月一日
初版三刷─二〇二二年五月二十五日
定　　價─新台幣二八〇元

（缺頁或破損的書，請寄回更換）

版權所有　翻印必究

時報文化出版公司成立於一九七五年，
並於一九九九年股票上櫃公開發行，於二〇〇八年脫離中時集團非屬旺中，
以「尊重智慧與創意的文化事業」為信念。

發明未來的鋼鐵人──伊隆‧馬斯克傳／竹內一正著；連宜萍譯
-- 初版.-- 臺北市：時報文化，2014.8
　面；　公分（PEOPLE叢書；382）
譯自：イーロン・マスクの野望─未来を変える天才経営者
ISBN 978-957-13-5993-9（平裝）

1.馬斯克(Musk, Elon, 1971-) 2.企業家 3.傳記 4.美國

785.28　　　　　　　　　　　　　　　103010085